10대를 위한

데일 카네기
인간관계론

DALE CARNEGIE

데일 카네기 지음
김민성 편역

성공하는
인간관계의
핵심은?

10대를 위한
데일 카네기
인간관계론

더스토리

그토록 힘들던 다른 사람과의 관계가
술술 풀려요

1912년부터 저는 뉴욕에서 사업가와 직장인을 위한 교육 강좌를 진행해 왔습니다. 처음에는 대중 연설에 집중한 강의였습니다. 강의 참여자들이 실제로 연설을 준비하고 발표하며, 좀 더 명확하고 효과적으로 자신을 표현하는 방법을 익히는 것이 목표였습니다.

하지만 강의를 계속 진행하면서 저는 사람들과의 관계를 잘 맺는 기술도 매우 중요하다는 사실을 깨달았습니다. 사람들은 어디에서나 다른 사람과의 좋은 관계를 유지하는 방법을 배울 필요가 있었던 것입니다.

저 역시 그런 기술이 부족해서 많은 실수를 저질렀던 경험이 있습니다. 만약 이런 책을 20년 전에 읽었다면, 저는 정말 큰 도움을

5

지은이의 말

받았을 것입니다.

사람을 다루는 능력은 누구에게나 중요한 문제입니다. 어떤 일을 하든 사람과의 관계를 잘 유지하는 능력이 여러분의 성공과 행복에 큰 영향을 미치기 때문입니다.

몇 년 전, 카네기 교육진흥재단의 연구로 놀라운 사실이 밝혀졌습니다. 이 연구 결과는 이후 카네기 기술연구소의 추가 연구로 다시 한번 입증되었습니다. 그 연구에 따르면, 기술 분야에서도 성공에 필요한 요소 중 전문 지식이 차지하는 비율은 단 15%에 불과했습니다. 반면, 성격과 통솔력 같은 인간관계 기술이 85%를 차지하며 성공의 핵심 역할을 한다는 사실이 밝혀졌습니다.

전성기 시절 존 D. 록펠러는 이렇게 말했습니다.

"사람을 다루는 능력도 설탕이나 커피처럼 사고팔 수 있는 상품이네. 나는 세상 그 어떤 것보다도 이 능력에 더 많은 비용을 기꺼이 지불할 걸세."

사람을 다루는 능력이 세상에서 가장 값진 능력 중 하나라면, 왜 모든 대학이 이런 과정을 개설하지 않을까요? 안타깝게도 제가 알기로는 성인을 대상으로 한 실제적이고 상식적인 인간관계 강좌를 운영하는 대학은 찾아보기 어렵습니다.

시카고 대학과 YMCA 연합학교는 성인들이 어떤 것을 가장 배우고 싶어 하는지 알아보기 위해 대규모 조사를 실시했습니다. 그 결과 사람들이 가장 관심을 가지는 주제는 건강이었습니다. 그리고 두 번째로 큰 관심사는 인간관계였습니다. 사람들은 다른 사람을 이해하고, 좋은 관계를 맺으며, 타인이 자신을 좋아하도록 만드는 법에 대해 배우고 싶어 했습니다. 또한 타인을 설득하는 기술에도 높은 관심을 보였습니다.

문제는 이런 내용을 다룬 책이 전혀 없었다는 것입니다. 저도 개인적으로 인간관계에 관한 실용적인 책을 찾기 위해 오랫동안 노력했지만, 원하는 책을 찾지 못했습니다. 결국 저는 제 수업에 사용할 교재를 직접 쓰기로 결심했고, 그 결과물이 바로 이 책입니다.

이 책을 집필하기 위해, 저는 인간관계와 관련된 모든 자료를 조사했습니다. 신문 칼럼, 잡지 기사, 가정 법원 기록, 철학자와 심리학자의 논문 등을 샅샅이 읽었으며, 자료 조사 전문가를 고용해 중요한 자료를 탐색했습니다.

저는 심리학 관련 두꺼운 전문 서적과 수백 개의 잡지 기사를 검토했습니다. 또한, 모든 시대의 위대한 지도자의 전기를 읽으며 그들이 어떻게 사람을 대하고 설득했는지 분석했습니다. 율리우스 카이사르부터 토머스 에디슨에 이르기까지 다양한 인물의 삶을 탐구했으며, 시어도어 루스벨트와 관련된 책만 해도 100권 이상 읽었습니다. 또한 정치인, 경영인, 영화배우, 발명가, 탐험가 등

각자의 분야에서 성공한 사람들을 인터뷰해서 인간관계에서 사용하는 기술을 알아내려고 했습니다.

이렇게 수집한 자료들을 바탕으로 '친구를 사귀고 사람을 설득하는 법(인간관계론)'이라는 강연을 준비했습니다. 강연이 끝나면 수강생들에게 실제 업무나 사회생활에서 배운 내용을 실험해 볼 것을 권장했습니다. 그리고 다음 수업에서는 그들이 시도해 보고 얻은 경험과 성과를 이야기해 달라고 요청했습니다. 이 과정은 수강생들에게 매우 흥미로웠습니다. 그들은 현실 세계를 실험실로 삼아 사람들과의 관계를 개선하는 새로운 도전에 매료되었습니다.

이 책은 단순히 글을 쓰는 것과는 다른 방식으로 만들어졌습니다. 마치 아이처럼 성장하고 발전하며 탄생한 것입니다. 수천 명의 실제 경험과 실험을 통해 점점 다듬어졌습니다.

처음에는 엽서 크기의 작은 종이에 몇 가지 원칙을 인쇄하는 것으로 시작했습니다. 이후 카드, 날개 형태의 인쇄물, 소책자로 발전했으며, 15년간의 실험과 연구 끝에 드디어 이 책이 완성된 것입니다.

1933년 2월 23일, 뉴욕 예일 클럽에서 하버드 대학교를 졸업한 한 인물이 연설을 했습니다. 이 연설에서는 인간이 자신의 능력을 온전히 사용하지 못하고 있다는 점을 지적했습니다. 그는 하버드 대학교의 유명 교수 윌리엄 제임스의 말을 인용하며 이렇게 말했습니다.

"우리는 우리가 가진 능력의 절반만 사용하고 있습니다. 육체적·정신적 자원도 극히 일부만 활용하고 있을 뿐입니다. 사람들은 대부분 자신이 지닌 잠재력에 한참 못 미치는 삶을 살고 있습니다. 많은 능력이 있지만 우리는 습관적으로 그 능력을 사용하지 않고 있습니다."

이 책은 당신 안에 숨어 있는 능력을 발견하고 개발할 수 있도록 돕는 것이 목표입니다. 우리가 평소 사용하지 않는 자원을 활용하는 방법을 알려 주어 성공과 행복을 누리게 하는 것이 이 책의 핵심입니다.

영국 철학자 허버트 스펜서는 이렇게 말했습니다.

"교육의 가장 큰 목표는 지식이 아니라 행동입니다."

그렇습니다. 이 책은 행동의 책입니다.

_데일 카네기

차 례

1부

관계를 위한 3가지 기본 원칙

2부

호감 가는 사람이 되는 6가지 방법

3부

상대방을 설득하는 12가지 비결

4부

감정을 상하게 하지 않고 상대를 변화시키는 9가지 비결

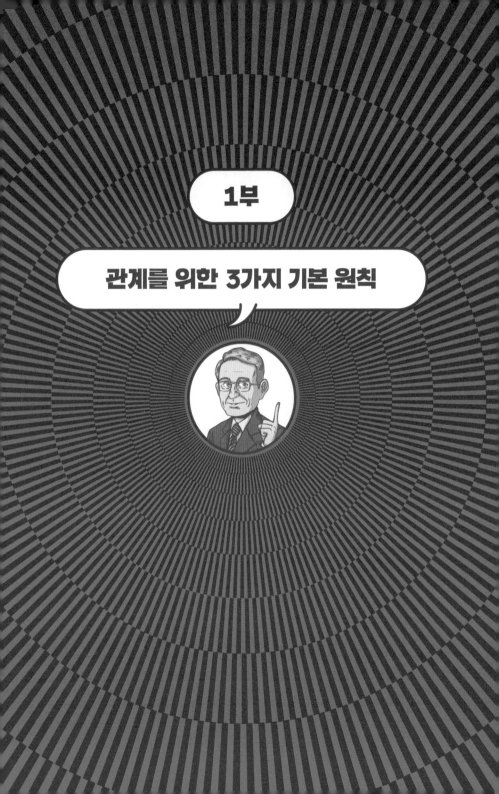

비난하거나 불평하지 말자

다른 사람의 입장에서 생각해 보자

1931년 5월 7일 뉴욕. 세상을 떠들썩하게 했던 범죄자 검거 작전이 한창 벌어지고 있었습니다. 쌍권총 크롤리라는 잔혹한 범죄자가 경찰에게 잡히기 직전이었어요. 그를 잡기 위해 150명의 경찰과 형사가 크롤리가 숨어 있는 아파트를 둘러쌌습니다. 주변에는 기관총까지 배치했어요. 경찰은 지붕에 구멍을 뚫고 최루가스를 터뜨렸으며, 1시간 넘게 총격전을 벌였습니다. 뉴욕은 공포로 얼어붙었습니다.

마침내 살인마 크롤리가 체포되었습니다. 경찰은 그가 뉴욕에서 가장 위험한 범죄자 중 한 명이라고 발표했습니다. 하지만 정작 크롤리는 자신이 나쁜 사람이라고 생각하지 않았어요. 그는 경

17

찰과 총격전을 벌이는 동안에도 편지를 썼습니다. 그 편지에서 '나는 선한 마음을 가진 사람이다. 누구도 해치고 싶지 않다'라고 말했어요. 크롤리는 경찰을 죽였을 때도, 자신이 잘못했다고 생각하지 않았습니다. 오히려 '나는 나를 지키기 위해 정당방위를 했을 뿐인데, 왜 이런 처벌을 받아야 하지?' 하며 스스로를 정당화했습니다. 그는 끝까지 자신의 잘못을 인정하지 않은 채 처형대에 오르게 됩니다.

사람들은 대부분 자신이 한 잘못을 인정하지 않아요.

> **알 카포네**(1899~1947)는 미국 역사상 가장 유명한 마피아 두목이다. 1920년도에 총수입이 1억 달러인 시민으로 기네스북에 오르기도 했으며, 그의 일대기를 그린 여러 편의 영화도 제작되었다. 탈세로 구속된 그는 11년을 선고받았으며 1947년 사망하였다.

미국 마피아 두목 **알 카포네**도 자신이 잘못했다고 생각하지 않았습니다. 그는 "나는 다른 사람에게 좋은 시간을 주려고 노력했는데, 돌아온 건 비난과 범죄자라는 낙인뿐이다"라고 말했지요.

악명 높은 싱싱 교도소의 로즈 소장은 이렇게 말했습니다.

"이 교도소의 범죄자 대부분은 자신을 나쁜 사람이라고 생각하지 않아요. 그들은 그저 자신의 행동을 변명하고, 왜 범죄를 저지를 수밖에 없었는지 온갖 이유를 댑니다. 그러곤 자신이 저지른 범죄를 합리화하며 억울하게 갇혔다고 주장합니다. 그들은 자신들이 투옥될 이유가 없다고 생각합니다."

범죄자들만 이렇게 생각할까요? 사실 대부분의 사람들은 자신이 한 잘못을 인정하지 않으려고 합니다. 기나긴 역사를 통해 우리는 다른 사람의 허물을 들추고 잘못을 지적할 때 무슨 일이 생기는지 보았습니다. 사람은 잘못을 지적당하면 오히려 방어적으로 변하고, 자신을 변명하려고 하지요.

　독일 군대에서는 불만이 생기면 바로 보고하지 못하게 했어요. 하룻밤을 자고 열을 식힌 뒤 보고하도록 한 거예요. 이렇게 하면 감정적인 불만을 줄일 수 있었습니다. 그러니 기억하세요. **다른 사람을 비판하기 전에 그들의 입장을 이해하려는 노력이 더 중요합니다.**

　비판은 쓸모없는 행동이라는 사실을 역사 속 많은 사례에서 볼 수 있습니다. 미국의 **시어도어 루스벨트** 대통령과 그의 후임자인 윌리엄 태프트 대통령 사이에서 벌어진 다툼이 유명합니다.

시어도어 루즈벨트(1858~1901)는 최연소의 나이에 취임한 미국 제26대 대통령이다. 20세기 미국이 초강대국으로 성장하는 기반을 닦은 대통령이자, 독특한 성품으로 여러 흥미로운 일화들을 남긴 인물로서 1906년, 현직 대통령으로는 최초로 노벨 평화상을 받았다.

　1908년 루스벨트는 대통령직에서 물러나면서 태프트를 차기 대통령으로 지지합니다. 그 뒤 아프리카로 사냥을 떠났습니다. 루스벨트는 돌아와서, 태프트가 너무 보수적인 정책을 펼치는 것에 크게 화가 났습니다. 루스벨트는 태프트를 공개적으로 비난하고, 불 무스라는 새 정당까지 만들며 그를 반대했어요. 이 사건은 결국 공화당을 분열시켰고, 민주당 후보 우드로 윌슨이 대통령으로 당선되게 만들었어요. 그리고 미국이 제1차 세계대전에 참전하게 만듭니다.

루스벨트는 이 모든 책임이 태프트에게 있다고 비난했습니다. 그렇다면 태프트는 자신의 잘못을 인정했을까요? 물론 아닙니다. 그는 눈물을 머금고 이렇게 말합니다.

"그 당시 나는 그렇게 할 수밖에 없었다."

루스벨트의 그 어떤 비난도 태프트로 하여금 자신의 잘못을 인정하게 만들지 못했습니다. 오히려 태프트 자신이 그렇게 할 수밖에 없다는 말만 되풀이하게 만들 뿐이었습니다.

미국의 제29대 대통령인 워런 G. 하딩의 정부에서 벌어진 사건을 살펴볼까요?

하딩 대통령의 내무장관이었던 앨버트 B. 펄은 미국 정부가 소유한 엘크 힐과 티포트 돔이라는 지역의 석유를 관리하고 있었습니다. 이 석유는 나중에 해군이 쓸 수 있도록 저장해 둔 것이었어요. 그런데 펄 장관은 이 석유를 자기 친구인 에드워드 도해니에게만 유리한 조건으로 몰래 판매 계약을 맺었어요. 그 대가로 펄은 도해니에게 10만 달러를 받았습니다. 이 돈을 받고, 해병대까지 동원해 작은 유전업자들을 쫓아냅니다. 결국 펄은 이 사건이 법정에까지 가게 되었고, 이 일이 세상에 드러나면서 큰 파문을 일으켰어요. 이 사건은 '티포트 돔 스캔들'로 불리며, 하딩 대통령의 정부를 무너뜨리고 많은 사람이 분노하게 만들었어요. 결국 펄 장관은 감옥에 가게 되었고, 그는 현직 공무원 중 가장 무거운 형을 받게 됩니다.

과연 펄이 자신의 잘못을 인정했을까요? 절대 그런 일은 없었습니다. 이 일이 있고 몇 년 뒤의 일입니다. 미국 제31대 대통령 허버트 후버는 어느 연설에서 하딩 대통령은 친구의 배신 때문에 큰 고통을 겪었다고 말합니다. 이 말을 들은 펄 장관의 부인은 화가 나서 이렇게 외쳤습니다.

"뭐라고? 하딩이 우리에게 배신당했다고? 말도 안 돼! 내 남편은 절대 배신하지 않았어. 오히려 우리 남편이 고통받은 희생자야!"

이 이야기는 어떤 교훈을 담고 있을까요? 사람은 대부분 자신이 한 잘못을 인정하지 않으려고 합니다. 대신 다른 사람을 탓하거나, 자신을 변명하기 바쁩니다. 그래서 우리는 누군가를 비난하고 싶을 때, 그 사람이 스스로를 변명할 가능성이 크다는 것을 늘 기억해야만 합니다.

링컨의 인간관계 비밀

1865년 4월 15일 토요일 아침, **에이브러햄 링컨** 대통령은 총에 맞았습니다. 그는 포드 극장에서 존 윌크스 부스라는 사람에게 저격당한 뒤, 길 건너편에 있는 작은 하숙집으로 옮겨집니다. 죽음의 그림자가 작고 낡은 침대에 누운 링컨을 뒤덮었습니다. 방 안에는 희미한 불빛만 어른거렸습니다. 그 곁을 지키던 국방부 장관 스탠턴은 "세상에서 가장 많은 사람의 마음을 움직인 사람이 여기 누워 있구나"라고 말합니다.

링컨이 사람을 잘 다룰 수 있었던 비결은 무엇일까요? 저는 10년 동안 링컨의 삶을 연구하고, 3년에 걸쳐 『데일 카네기의 링컨 이야기』라는 책을 썼습니다. 특히 링컨의 인간관계 방법에 집중했습니다.

링컨은 원래 사람을 비난하기를 좋아했습니다. 젊은 시절, 그는 사람들을 조롱하는 편지를 쓰고는, 그걸 슬며시 길가에 떨어뜨려 사람들이 읽게 하곤 했어요. 이런 행동은 많은 사람을 화나게 했고, 어떤 사람은 평생 링컨에게 분노를 품기도 했습니다.

링컨은 변호사로 일하면서 신문에 상대를 공격하는 글을 쓰기도 했습니다. 그러다가 1842년 가을 큰 문제가 생기게 됩니다. 링컨은 제임스 쉴즈라는 아일랜드 출신의 정치가를 익명으로 신문에 조롱했어요. 사람들은 그 글을 보고 크게 웃었지만, 당사자인 쉴즈는 몹시 화를 냈습니다. 그는 글을 쓴 사람이 링컨임을 알게 되었고 곧바로 결투를 신청했습니다.

링컨은 싸우고 싶지 않았지만 결투를 피할 수는 없었어요. 팔이 길었던 링컨은 기병대 장검을 무기로 골랐고, 미국 육군사관학교 졸업생에게 장검 교습까지 받게 됩니다. 결투 당일, 링컨과 쉴즈는 미시시피강의 모래사장에서 마주섭니다. 얼마나 떨렸을까요? 목숨을 건 결투가 시작되기 직전, 주변 사람들이 적극적으로 중재한 덕분에 다행스럽게 결투가 중단됩니다.

이 일은 링컨의 인생에서 소름끼치도록 충격적인 사건이었습니다. 이를 계기로 큰 교훈을 얻었지요. 링컨은 다시는 다른 사람을 모욕하거나 조롱하는 편지를 쓰지 않았고, 비난도 하지 않기로 다짐했습니다. 링컨은 '남에게 비판받고 싶지 않다면, 남을 비판하지 말라'는 말을 마음에 새겼습니다. 아내나 다른 사람들이 남을 나쁘게 이야기할 때도 링컨은 이렇게 말했어요. "그들을 비난하지 마세요. 우리도 그들과 같은 상황에 있었다면 그렇게 행동했을지 몰라요."

링컨에게도 사람들을 비난할 기회가 많이 있었어요.

예를 들어, 남북 전쟁 중 가장 큰 전투였던 **게티즈버그 전투** 때문에 생

> **게티스버그 전투**(1863)는 미국 남북 전쟁 때 벌어진 대표적인 전투로, 전쟁에서 열세였던 북부군이 이 전투에서 승리하면서 전쟁의 양상이 역전되었다.

23

긴 일이 있습니다. 1863년 7월 1일부터 사흘간 전투가 벌어졌어요. 폭풍우가 몰아치는 7월 4일 밤, 남부군의 로버트 E. 리 장군은 남쪽으로 후퇴를 시작했어요. 리 장군의 군대는 포토맥강 앞에서 물이 불어 건널 수 없는 상황이었고, 뒤에서는 북부군이 쫓아오고 있었지요. 한마디로 리 장군의 군대는 덫에 걸린 상태였습니다.

링컨 대통령은 이 기회를 이용해 북부군이 전쟁을 승리로 끝낼 수 있다고 생각했어요.

그래서 북부군의 미드 장군에게 당장 리 장군을 공격하라고 명령했어요. 하지만 무슨 일인지 미드 장군은 이 명령을 따르지 않았습니다. 작전 회의를 열고 결정적 시간을 허비해 버렸어요. 미드는 여러 가지 변명을 하며 링컨의 명령을 거부했죠. 그사이 결국 강물이 줄어들었고, 리 장군은 포토맥강을 무사히 건너 후퇴할 수 있었어요.

링컨은 매우 실망했어요. 그는 주변 사람들에게 화를 내며 이렇게 말했어요.

"도대체 어떻게 된 일이야? 리 장군을 잡을 수 있었는데! 우리가 이길 수 있었단 말이야. 왜 내 명령을 듣지 않은 거야. 차라리 내가 그 자리에 있었다면 리 장군을 잡았을 거야!"

깊이 실망한 링컨은 미드 장군에게 편지를 썼습니다.

친애하는 장군님께,

장군님께서는 이번에 리 장군을 놓친 일이 얼마나 큰 손실인지 잘 모르고 계신 것 같습니다. 남부군은 완전히 궁지에 몰려 있었습니다. 하지만 4일 밤 전투에서 장군님께서는 결정적인 공격을 하지 않으셨습니다. 덕분에 적군은 무사히 강을 건너 병력을 추슬렀고, 우리는 그들을 공격하기가 훨씬 어려워졌습니다. 저는 당신이 앞으로 전투를 제대로 이끌어 가실 수 있을지 걱정입니다.

장군님께서는 하늘이 주신 최고의 기회를 놓치고 말았습니다. 이제 이 전쟁이 언제 끝날지 도무지 알 수 없게 되었습니다. 이 일로 인해 저는 말로 표현하기 어려울 정도로 괴롭습니다.

미드 장군은 링컨이 보낸 편지를 읽고 어떻게 반응했을까요? 사실, 미드 장군은 그 편지를 읽지 못했어요. 왜냐하면 링컨이 편지를 보내지 않았기 때문이죠. 그 편지는 링컨이 사망한 뒤에 그의 서류함에서 발견되었습니다.

왜 그랬을까요? 같이 상상해 봅시다. 아마도 링컨은 편지를 쓰고 나서 이렇게 생각했을지도 모릅니다.

'이 편지를 보내는 게 정말 좋은 일일까? 백악관에 앉아서 명령을 내리는 건 쉬운 일이야. 그러나 만약 내가 게티즈버그 전투에 직접 참전했더라면 어땠을까? 미드 장군처럼 직접 전쟁의 참혹함을 보았다면 나도 쉽게 공격 명령을 내리지 못했을 거야. 어쩌면 이 편지를 보내면 잠깐은 기분이 나아질 수 있겠지. 하지만, 미드 장군은 오히려 반발하며 자신을 변호하느라 장군으로서 일을 제대로 수행할 수 없을 거야. 그건 상황을 더 나쁘게 만들 뿐이야.'

링컨은 결국 그 편지를 보내지 않았습니다. 그는 지난 경험을 통해 남을 날카롭게 비난하고 책망하는 일이 쓸모없다는 것을 깨달았던 것입니다.

우리는 종종 다른 사람을 변화시키고 싶어 할 때가 있습니다. 하지만 먼저 우리 자신부터 바꿔 보는 건 어떨까요? 사실, 다른 사람을 변화시키는 것보다 자기 자신을 변화시키는 일이 더 쉽고 안전한 일일 수 있어요.

영국의 시인 로버트 브라우닝은 "자기 자신과의 싸움을 시작할 때부터 사람은 진정 가치 있는 사람이 된다"라고 말했습니다. 자신을 완벽하게 만드는 데는 시간이 오래 걸릴 수 있어요. 하지만 자신을 먼저 바꾼 뒤에야 비로소 남을 비판하거나 변화시킬 수 있을 거예요.

링컨이 미드 장군에게 비난을 보내지 않았던 이유는 비난이 상대방에게 큰 상처를 남길 수 있다는 사실을 잘 알았기 때문이에요.

영국 문학을 풍부하게 만든 위대한 소설가 중 한 명인 토머스

하디는 매우 감수성이 풍부한 사람이었어요. 그런데 뜻하지 않게 받은 혹독한 비판 때문에, 하디는 영원히 작품을 쓰지 않겠다고 결심했어요. 또, 영국의 천재 시인 토머스 체터튼도 비난 때문에 스스로 목숨을 끊고 말았죠.

어릴 적 사교성이 없기로 유명했던 벤저민 프랭클린은, 나중에 뛰어난 외교관이 되었어요.

프랭클린은 프랑스 주재 미국 대사로 일했는데, 그의 성공 비결은 무엇이었을까요? 그는 이렇게 말합니다.

"저는 누구에 대해서도 험담하지 않습니다. 대신, 제가 아는 모든 사람의 장점만을 이야기합니다."

다른 사람을 비판하고, 불평하며, 잔소리를 늘어놓는 것은 쉬운 일입니다.

누구나 쉽게 다른 사람을 비난할 수 있습니다. 그들을 이해하고 용서하는 것은 이보다 훨씬 어려운 일입니다. 오직 마음이 고결하고 자제력이 있는 사람만이 그것을 할 수 있죠.

영국의 철학자 토머스 칼라일은 "위대한 사람은 평범한 사람을 어떻게 대하는지에서 그 위대함이 드러난다"라고 말했어요. 사람을 비난하기 전에 먼저 그들을 이해하려고 노력해 보세요. 왜 그런 행동을 했는지 생각해 보면, 비난하는 것보다 더 많은 것을 배울 수 있게 됩니다. 그리고 이렇게 하는 것은 공감과 관용과 친절로 우리에게 돌아올 것입니다. 모든 것을 이해하면 결국 모든 것을 용서하게 됩니다.

영국의 유명한 작가 새뮤얼 존슨도 이런 말을 했어요.

"하느님조차도 사람이 죽기 전까지는 심판하지 않으신다."

그러니 우리도 다른 사람을 쉽게 비난하거나 판단하지 말아야 합니다.

원칙 1

비판하지 말고, 비난하지 말고, 불평하지 마세요.

진심으로 인정하고 칭찬하자

인정받고 싶은 욕망

사람들에게 무엇인가를 시키려면 어떻게 해야 할까요?

스스로 그 일을 하고 싶게 만드는 거예요. 이것이 유일한 방법입니다. 물론, 위협을 가하거나 강제로 일을 시킬 수 있지만, 그런 방법은 오래가지 않고 결국 사람들의 반발을 불러일으킵니다.

사람을 움직이려면 그들이 원하는 것을 주어야 합니다.

여러분이 진짜로 원하는 것이 무엇인지 생각해 보세요. 상대방이 스스로 그 일을 하고 싶도록 만드는 것이야말로 가장 효과적인 방법입니다. 그러면 도대체 사람들은 무엇을 원할까요? 20세기의 유명한 심리학자 중 한 사람인 **지그문트 프로이트** 박사는 사람들이 행동하는 이유가 두 가지라고 말합니다. 하나는 성적인 욕구이고,

29

오스트리아의 신경과 의사이자 정신분석의 창시자인 **지그문트 프로이트**(1856~1939)는 인간 마음 깊숙한 곳에 존재하는 무의식이 인간의 정서와 행동을 규정한다고 주장했다.

다른 하나는 '위대한 사람이 되고 싶은 욕망'입니다. 미국의 철학자 존 듀이는 조금 다르게 말했는데, 그는 "사람들이 가장 강하게 원하는 것은 인정받고 싶은 욕망이다"라고 했어요. 여러분 기억하세요. 이 말은 매우 중요합니다. 사람들이 '인정받고 싶어 하는 욕망'은 앞으로도 계속 등장할 거예요.

사람들은 여러 가지를 원하지만, 그중 몇 가지는 누구도 막을 수 없을 정도로 강하게 원해요. 대부분의 사람들이 원하는 것을 정리해 볼까요?

1. 건강하게 오래 살기

2. 먹을 것

3. 잘 자기

4. 돈과 돈, 더 많은 돈

5. 내세의 삶(죽음 이후에도 잘 살고 싶어 하는 것)

6. 성적인 만족

7. 자녀들의 행복

8. 인정받고 있다는 느낌

이 중에서 거의 모든 욕구는 충족될 수 있지만, 딱 한 가지는 충족시키기가 어렵습니다. 바로 위대해지고 싶거나, 인정받고 싶어하는 욕구입니다. 프로이트는 이 욕구를 '위대한 사람이 되고자 하는 욕구'라고 했고, 듀이는 '인정받고 싶은 욕망'이라고 표현했습니다.

링컨 대통령도 편지를 통해 '사람들은 칭찬을 좋아한다'고 말합니다. 철학자 **윌리엄 제임스** 역시 "사람의 본성에서 가장 중요한 것은 인정받고 싶은 갈망이다"라고 말했어요. 여기서 중요한 것은 그가 '소원,

> 미국의 철학자이자 심리학자인 **윌리엄 제임스**(1842~1910)는 '의식의 흐름'이라는 심리학 용어를 최초로 사용했다. 지은 책으로는 『진리의 의미』, 『심리학의 원리』 등이 있다.

동경, 바람' 같은 말 대신 '갈망'이라는 단어를 썼다는 점입니다. 갈망은 참기 힘들고 사라지지 않는 강력한 욕구입니다.

사람들의 이러한 욕구를 잘 이해하고 채워 줄 수 있는 사람은 다른 사람들을 자신이 원하는 대로 다룰 수 있답니다. 인정받고 싶은 욕망은 인간과 동물을 구분 짓는 중요한 차이입니다.

저는 어릴 때 미주리주의 농장에서 살았습니다. 제 아버지는 좋은 품종의 돼지와 소를 키우셨어요. 우리는 그 동물들을 가축 대회에 출품했고 여러 번 1등을 했어요. 아버지는 '1등 상'인 파란 리본을 자랑스러워하며 손님이 오면 그것을 보여 주셨죠. 돼지들은 자신들이 받은 그 파란 리본을 전혀 신경 쓰지 않았지만, 아버

지께는 아주 큰 의미가 있었지요. 그 상을 통해 아버지는 자신이 인정받고 있다는 느낌을 받으신 것입니다.

만약 인간에게 인정받고 싶은 이 강력한 욕구가 없었다면, 우리는 오늘날의 문명을 이루지 못했을 것입니다. 더 발전하고 보다 나은 세상을 만들고자 하는 욕망 덕분에 우리는 돼지 같은 동물과 달라진 것입니다.

가난한 야채 가게 점원은 바닥에서 우연히 법률 책을 발견했습니다. 그는 인정받고 싶은 욕망 때문에 공부를 시작했고 변호사가 될 수 있었습니다. 그 야채 가게 점원의 이름은 바로 에이브러햄 링컨입니다.

찰스 디킨스가 불멸의 소설을 쓰게 된 것도, 영국의 건축가 크리스토퍼 렌이 유명한 건축물을 설계하게 된 것도, 록펠러가 엄청난 부를 쌓게 된 것도 바로 '인정받는 존재가 되고 싶은 욕망' 때문이었습니다.

사람들이 유행하는 옷을 입고, 멋진 차를 몰고, 부유함을 자랑하는 이유도 자신의 가치를 인정받고 싶은 마음에서 비롯된 것입니다.

심지어 청소년들이 범죄 조직에 들어가게 되는 이유도 자신을 인정받고 싶어 하는 욕구 때문이에요. 뉴욕시의 전 경찰국장이었던 멀루니는 이렇게 말했습니다.

"요즘 젊은 범죄자는 자아가 강해서 체포된 뒤에도 자신의 범죄 기사가 신문에 크게 실린 것을 보고 기뻐해요. 그들은 마치 유명한 운동선수나 연예인, 과학자처럼 신문에 실린 자신을 보며 만족해합니다. 자신이 받아야 할 형벌은 아주 가볍게 생각합니다."

사람이 언제 자신의 존재 가치를 느끼는지 알면 그 사람에 대해 많은 것을 알 수 있습니다.

예를 들어, **존 D. 록펠러**는 자신이 직접 본 적도 없고 앞으로도 볼 일이 없을 수백만 명의 가난한 중국 사람들을 위해 최신식 병원을 세우라고 돈을 기부했습니다. 그는 거기에서

> **존 D. 록펠러**(1839~1937)는 미국의 석유 사업가이자 자선사업가이다. 1890~1892년 시카고 대학 설립을 위해 6,000만 달러 이상을 기부하고, 그 뒤에도 3억 5,000만 달러를 기부하였다. 이 밖에도 그는 록펠러재단, 일반교육재단, 록펠러의학연구소 등을 설립하였다.

자신의 존재 가치를 느꼈지요. 반면, 악명 높았던 범죄자 존 딜린저는 강도질을 하고, 은행을 털고, 사람을 죽이는 데서 자신의 존재 가치를 느꼈습니다. FBI의 추격을 피해 도망다니면서도 그는 "나는 딜린저다!"라고 외치며 자신이 가장 위험한 범죄자라는 사실을 자랑스러워했습니다.

딜린저와 록펠러 모두 자신을 중요한 사람이라고 느꼈습니다. 다만 방식이 달랐을 뿐이지요.

역사 속에서도 스스로 중요한 사람으로 인정받기 위해 애쓴 인물이 많습니다. 미국의 초대 대통령 조지 워싱턴은 사람들이 그를

'미합중국 대통령 각하'라고 부르기를 원했고, 탐험가 크리스토퍼 콜럼버스는 자신을 '해군 제독'이나 '인도 총독'으로 불러 주길 바랐습니다. 러시아 여제 예카테리나 2세는 '여왕 폐하'라는 호칭을 사용하지 않은 편지는 아예 열어 보지도 않았어요. 또, 링컨 대통령의 아내는 장군의 부인이 허락도 없이 자리에 앉았다고 화를 낸 적도 있었지요. 미국의 백만장자들은 남극 탐험에 자금을 지원하면서, 빙산에 자신의 이름을 붙여 달라는 조건을 내걸기도 했습니다.

그렇습니다. 사람들은 자신이 중요한 존재라고 인정받고 싶어 합니다.

빅토르 위고는 파리 시의 이름을 자신의 이름으로 바꾸려 했고, 셰익스피어도 자신의 가족에게 명예를 더해 주기 위해 노력했지요.

사람들은 자신이 중요한 존재라고 인정받기 위해 다양한 방법을 쓰기도 합니다. 때로는 관심과 동정을 받기 위해 일부러 아픈 척하는 경우도 있습니다.

예를 들어, 미국의 제25대 대통령인 윌리엄 매킨리의 부인은 남편이 자신에게 더 많은 관심을 기울이도록 하려고 일부러 아픈 척을 했어요. 그녀는 남편이 중요한 일을 미루고, 자신이 잠들 때까지 곁에서 간호하게 만들었습니다. 심지어 치과 치료를 받을 때에도 남편이 옆에 있기를 바랐어요. 한 번은 남편이 국무장관과 한 약속 때문에 그녀를 혼자 병원에 두고 떠나자 큰 소동을 일으키기도 했습니다.

간호사로 일했던 작가 메리 로버츠 라인하트는 이런 이야기를 했습니다.

"어느 젊은 여성이 나이가 들어 결혼하기 어렵다는 사실을 알게 되었어요. 그녀는 외로움에 빠져 시름시름 앓아눕게 되었죠. 그 후 10년 동안 그녀의 늙은 어머니가 계속해서 수발을 들어야 했어요. 매일 식사를 가져다주며 간호했는데, 결국 어머니마저도 지쳐서 세상을 떠나고 말았어요. 이제 정말로 홀로 된 그녀는 몇 주가 지나자 갑자기 자리를 털고 일어나 다시 정상적인 생활로 돌아갔어요."

전문가들의 의견에 따르면 사람들이 현실 세계에서 자신이 중요한 존재라는 인정을 받지 못하면 상상 속에서라도 그걸 찾으려고 할 수 있다고 합니다.

미국에는 육체적 질병으로 고통받는 사람보다 정신 문제로 고통받는 사람이 더 많다고 합니다. 당신이 65살이 넘고 뉴욕에 산다면, 인생 중 7년을 정신병원에서 보낼 확률이 5%나 된다는 통계가 있을 정도입니다.

정신 이상이 생기는 이유는 무엇일까요?

질문에 딱 맞는 답을 찾기는 어렵습니다. 우리는 이미 특정 질병이 뇌세포를 파괴해 정신 이상을 일으킨다는 사실을 알고 있어요. 실제로 정신 질환의 절반은 뇌 손상, 알코올, 약물, 외상 같은 신체적인 이유에서 발생합니다. 하지만 무서운 것은 나머지 절반은 뇌에 아무런 문제가 없어 보이는데도 정신 이상이 생긴다는 점입니다. 부검을 해 봐도 그들의 뇌 조직은 건강한 사람과 다를 바가 없습니다. 그렇다면 왜 사람들은 정신 이상을 겪게 되는 걸까요?

이 질문을 정신 질환 분야의 가장 권위 있는 병원 원장에게 물어봤어요. 그는 많은 상을 받은 전문가였지만, 솔직하게도 그 이유를 정확히 모른다고 답했어요. 많은 경우, 사람들은 현실 세계에서 자신의 중요성을 인정받지 못할 때 정신적인 문제를 겪게 된다고 말했어요. 정신 이상이 왜 생기는지 정확히 아는 사람은 없지만, 많은 정신 이상 환자들이 현실에서 느끼지 못한 자신의 가치를 정신 이상 상태 속에서 느끼게 된다고 말했습니다.

정신과 의사는 이런 이야기를 들려주었어요. 그는 한 명의 환자를 돌보고 있었는데, 그 환자는 결혼 생활에 실패했어요. 그 환자는 사랑, 성적 만족, 아이, 사회적 지위를 원했지만, 결혼 생활은 그녀의 꿈을 망쳐 버렸어요. 남편은 그녀를 사랑하지 않았고, 아내와 함께 식사하는 것조차 거부했어요. 남편은 식사를 2층 방으로 가져오라고 시켰고, 그녀는 식사가 끝날 때까지 시중을 들어야 했어요. 그녀는 아이도 없었고, 사회적 지위도 얻지 못했어요.

결국, 그녀는 정신 이상을 겪게 되었습니다. 그녀의 상상 속에서 그녀는 남편과 이혼했고, 처녀 시절의 이름을 다시 사용했어요. 지금은 자신이 영국 귀족과 결혼했다고 믿으며, 자신을 '스미스 부인'이라고 불러 달라고 해요. 심지어 매일 밤 아기를 낳았다고 상상하면서, "선생님, 제가 어젯밤에 아기를 낳았어요"라고 말한다고 합니다. 현실에서는 그녀의 모든 꿈이 산산조각 났지만, 정신 이상을 겪은 뒤 그녀는 상상 속에서 모든 것이 완벽하게 이루어졌다고 느끼고 있는 것입니다.

의사는 이렇게 말했어요.

"제가 그녀를 고쳐 줄 수 있다 해도 그렇게 하지 않을 거예요. 지금 그녀는 훨씬 더 행복하니까요."

정신 이상에 걸린 사람들이 오히려 여러분이나 저보다 더 행복할지도 모릅니다.

그들은 자신이 원하던 것을 상상 속에서 얻었기 때문에 만족하며 살아가겠지요. 현실에서는 불가능하던 일들이 상상 속에서는 이루어졌기 때문입니다. 그들은 상상 속에서 자신이 중요하다고 느끼는 존재 가치를 찾았기 때문에 더는 현실에서의 문제를 고민할 필요가 없습니다. 상상 속에서 자신이 원하는 것을 다 이루었기 때문이에요.

사람은 자신의 존재 가치를 인정받기 위해서라면 이처럼 극단적인 선택을 할 수도 있습니다.

칭찬하면 기적이 일어나요

만약 우리가 이런 사람들을 잘 이해하고 그들이 원하는 존재 가치를 인정해 준다면 우리는 놀라운 일을 이룰 수 있습니다.

자동차 회사인 크라이슬러를 창립한 월터 P. 크라이슬러와 베들레헴 스틸사의 사장인 찰스 슈워브는 모두 연간 100만 달러 이상의 연봉을 받았습니다.

그들은 왜 이렇게 많은 돈을 받았을까요? 그들이 천재이기 때문에? 아니면 강철 산업에 대한 최고의 전문가였기 때문에요? 아닙니다. 슈워브 자신도 저에게 자기보다 강철에 대해 더 많이 아는 직원들이 많다고 인정했습니다.

슈워브는 자신의 성공 이유를 '사람을 다루는 능력'이라고 말합니다. 그에게는 사람들에게 열정을 불러일으키는 재능이 있었습니다. 슈워브는 그들이 가진 능력을 최대한 발휘하게 만드는 가장 좋은 방법은 칭찬과 격려라고 했습니다. 윗사람의 질책은 직원의 사기를 꺾지만, 칭찬과 격려는 동기를 부여한다는 것입니다.

하지만 보통 사람들은 어떻게 할까요? 사람들은 대부분 누군가가 잘못했을 때는 심하게 꾸짖고 질타하지만, 잘했을 때는 아무런 칭찬도 하지 않습니다. 이에 대해 슈워브는 이렇게 말했습니다.

"나는 많은 사람들을 만나 봤습니다. 그 누구도 비난을 받았을 때 더 열심히 일하는 사람은 없었어요. 오히려 칭찬과 격려를 받을 때 사람들이 더 열심히 일했습니다. 아무리 대단하고 높은 지위에 있는 사람이라도 이는 마찬가지였습니다."

앤드류 카네기가 엄청난 성공을 거둘 수 있었던 이유는 바로 사람들을 칭찬하는 데 능숙했기 때문입니다. 그는 공개적으로나 사적으로나 항

> 미국의 기업인 **앤드류 카네기**(1835~1919)는 당시 세계 최고의 부자로서 '철강왕'이라는 별명을 얻었으며, 평생 모은 재산을 4분의 3이나 기부하였습니다.

상 직원을 칭찬했습니다. 심지어 자신의 묘비에까지 직원들을 칭찬하는 문구를 새기고 싶어 했어요. 그는 자신의 묘비에 이렇게 적기를 원했어요.

'여기, 자신보다 더 현명한 사람들을 주변에 끌어 모으는 방법을 알았던 사람이 잠들다.'

사람을 성공적으로 다루는 방법 중 하나는 바로 진심에서 우러나오는 칭찬을 하는 것입니다.

존 D. 록펠러도 이 방법을 잘 활용했어요. 어느 날, 그의 동업자 중 한 명인 에드워드 T. 베드포드가 실수로 잘못된 물건을 사들

여 회사에 100만 달러라는 손해를 입혔습니다. 이 실수 때문에 록펠러는 베드포드를 비난할 수도 있었지만 그는 베드포드가 최선을 다했음을 알고 있었습니다. 그 때문에 록펠러는 베드포드를 칭찬할 수 있는 방법을 찾아냈어요. 그는 베드포드가 손해의 60%를 회수해 낸 것을 칭찬하며 이렇게 말했어요.

"정말 대단하군요! 그만큼의 돈을 회수하기가 결코 쉬운 일이 아니었을 텐데요."

또 다른 예도 있습니다. 유명한 브로드웨이 프로듀서였던 플로렌즈 지그펠드는 평범한 소녀를 스타로 만들어 내는 능력으로 유명했습니다. 그는 사람들이 주목하지 않을 것 같은 평범한 소녀를 발견해, 무대에서 멋지고 매력적인 여성으로 변신시켰어요. 지그펠드는 칭찬과 자신감을 통해 소녀들이 스스로를 아름답다고 느끼게 만들었지요. 또한, 그는 현실적인 사람이라 주당 10달러를 받던 코러스 걸의 급여를 150달러로 올려 주었어요. 공연이 시작될 때는 주연 배우에게 축하 전보를 보내고, 모든 코러스 걸에게는 값비싼 붉은 장미를 선물하기도 했습니다.

유명한 배우 알프레드 런트는 '빈에서의 재회'라는 연극에서 주인공을 맡았을 때 이렇게 말했습니다.

"나에게 가장 필요한 것은 나 스스로를 더 높이 평가할 수 있도록 격려해 주는 말이다."

이 말처럼 사람들은 칭찬과 격려를 간절히 필요로 합니다. 언제나요.

우리는 음식으로 몸에 에너지를 채우지만 오래도록 기억될 따뜻한 칭찬으로 영혼의 에너지를 채우는 데는 인색할 때가 많습니다.

"이게 무슨 소리야? 다른 사람에게 아부하거나 아첨하라는 말이야?"

물론, 제가 하는 말은 아첨이나 아부를 하라는 의미가 아닙니다. 아부나 아첨은 가짜 칭찬입니다. 칭찬에 굶주린 사람들은 아첨이든 칭찬이든 가리지 않고 받아들일 때가 있어요. 마치 배고픈 사람이 벌레든 음식이든 상관없이 먹는 것처럼 말이에요. 그러나 현명한 사람이라면 이를 충분히 구별합니다.

영국의 빅토리아 여왕은 아부에 약했습니다.

당시 영국의 총리였던 **벤저민 디즈레일리**는 여왕을 만날 때마다 아부를 많이 했다고 해요. 그는 아부를 '흙손으로 벽을 바르듯' 매끄럽게 했다고 말합니다. 디즈레일리는 매우

> **벤저민 디즈레일리**(1804~1881)는 1874년부터 1880년까지 영국의 총리를 역임하였다. 임기 동안 노동자 계층의 권리가 확장되었고, 외교 면에서는 러시아에 대한 군사적 견제, 수에즈 운하 매수 등 여러 국제 정세에서 영국의 이권을 확보하였다.

똑똑한 사람이었습니다. 하지만, 그에게 유용했던 방법이 우리에게도 통하리라는 법은 없습니다. 아부는 장기적으로 보면 독이 될 수 있어요. 아부는 거짓말이기 때문에 결국엔 문제를 일으키기 마

련입니다.

그렇다면 칭찬과 아부의 차이는 무엇일까요?

간단합니다. 칭찬은 진심에서 나오고, 아부는 거짓에서 나옵니다. 칭찬은 마음에서 우러나오지만, 아부는 입에서만 나옵니다. 칭찬은 이타적이고, 아부는 이기적입니다. 그래서 모두가 칭찬은 좋아하지만, 아부는 싫어하는 것입니다.

멕시코시티에 있는 알바로 오브레곤 장군의 흉상에는 이런 말이 새겨져 있습니다.

"너를 공격하는 적을 두려워하지 말고, 네게 아부하는 친구를 두려워하라."

이 말은 아부가 얼마나 위험할 수 있는지 알려 주죠.

저는 아부를 권장하지 않습니다. 진심 어린 칭찬, 그리고 진정한 삶의 방식을 이야기하고 있는 것입니다.

영국의 조지 5세 왕은 버킹엄 궁의 서재 벽에 여섯 개의 격언을 걸어 두었는데, 그중 하나가 '값싼 칭찬은 하지도, 받지도 말라'였습니다.

그렇습니다. 여기서 말하는 '값싼 칭찬'이 바로 아부의 본질입니다. 또한 '상대방이 그저 듣고 싶어 하는 말을 해 주는 것'이라고도 할 수 있어요. 미국의 철학자이자 시인인 **랄프 왈도 에머슨**은 "당신이 무슨 말을 하든, 그 말에는 당신 모습이 그대로 드러난다"라고 말합니다. 즉, 아부는 진심이 아니고 거짓말이기 때문에 결국엔 드러나게 된다는 뜻이지요.

만약 아부로 모든 문제가 해결된다면, 모든 사람은 아첨꾼이 될 거예요.

랄프 왈도 에머슨(1803~1882)은 미국의 철학자, 시인, 수필가로 초월주의를 주창하였다. 자유로운 개인의 자립, 자연의 효용과 목적에 대한 고찰, 그리고 이에 대한 인간의 사용을 주장하여 자유지상주의, 실용주의 등 후대 미국 철학에 지대한 영향을 끼쳤다.

사람들은 대부분 자기 자신에 대해서만 생각하는 시간을 많이 보냅니다. 에머슨은 "모든 사람에게는 나보다 나은 점이 있다. 그래서 나는 모든 사람에게서 배울 수 있다"라고 말했어요. 이렇게 생각하면, 우리는 다른 사람의 장점을 더 잘 발견할 수 있답니다.

이제 자기 자신에 대한 생각을 잠시 멈추고 다른 사람의 장점을 찾아보세요. 가짜 칭찬인 아부와 아첨은 잊어버리세요. 사람들에게 진심에서 우러나오는 칭찬을 하세요, 그러면 분명 그 칭찬을 소중히 간직할 것입니다. 혹시 여러분이 그것을 잊어버릴지라도 그들은 계속 여러분의 칭찬을 기억할 것입니다.

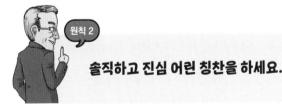

원칙 2

솔직하고 진심 어린 칭찬을 하세요.

1부 | 관계를 위한 3가지 기본 원칙

상대방이 원하는 것이 무엇인지
먼저 생각하자

상대가 원하는 게 무엇일까?

매년 여름이면 저는 낚시 여행을 갑니다. 개인적으로 저는 딸기 아이스크림을 좋아합니다. 그렇다고 해서 낚시 미끼로 딸기 아이스크림을 사용할 수는 없겠죠. 물고기는 저와 달리 지렁이를 좋아할 테니까요. 그래서 낚시를 할 때는 제가 좋아하는 것을 미끼로 쓰지 않고, 물고기가 좋아하는 지렁이나 메뚜기를 사용합니다. 그럼 물고기가 그 미끼를 물겠죠.

물고기를 낚을 때처럼 사람을 낚을 때도 비슷한 방법을 써야 합니다. 내가 원하는 것을 말하기보다는 상대방이 원하는 것을 생각해 보고 그것을 어떻게 줄 수 있을지 고민해야 합니다.

제1차 세계대전 당시 영국의 총리였던 로이드 조지도 이 방법

44

을 사용했어요. 다른 유명한 지도자들이 모두 권력을 잃었을 때도 그는 계속 권력을 유지할 수 있었습니다. 그 이유에 대해 "물고기 종류에 따라 그에 맞는 미끼가 필요하다는 것을 알았기 때문이다"라고 말했어요. 즉, 상대방이 무엇을 원하는지 알고 그에 맞는 방법을 찾았다는 것이죠.

우리는 왜 항상 자신이 원하는 것만 이야기할까요? 사실 이건 비합리적인 행동입니다. 사람들이 모두 자신이 원하는 것에만 관심을 갖는다면, 아무도 내가 원하는 것에 관심을 가지지 않을 것이기 때문입니다. 그래서 우리는 방법을 바꾸어야 합니다. 상대방의 마음을 움직이려면, 그 사람이 원하는 것을 알아내고 그것을 줄 수 있는 방법을 찾아내야 합니다.

친구가 담배를 피우지 않게 하려면 어떻게 해야 할까요?

"야. 나는 네가 담배 피우는 것이 싫어!"라는 말은 별 소용이 없습니다. 대신, 담배를 계속 피우면 어떤 일이 생기는지 자세히 말해 주는 쪽이 낫습니다. 예를 들면 건강과 체력에 나쁜 영향을 끼쳐서 성적이 떨어지게 된다거나, 운동 경기에 나가서 꼴찌를 할 수 있다고 말하는 것입니다. 즉 나의 필요가 아니라 친구의 이익을 생각해서 담배를 끊도록 말하라는 것입니다.

이 방법은 아이뿐만 아니라 동물에게도 효과적입니다. 철학자 랄프 왈도 에머슨은 아들과 함께 어린 송아지를 외양간으로 넣으려고 했어요. 하지만 송아지는 도무지 말을 듣지 않았습니다. 그 둘은 빨리 송아지를 우리에 넣을 생각만 했기에 송아지를 밀고 끌며 진땀을 흘렸습니다. 하지만 송아지는 다리를 딱 세운 채 풀밭에서 떠나려 하지 않았습니다.

그때 아일랜드 출신의 하녀가 그 장면을 보게 되었어요. 그녀는 똑똑하게 행동합니다. 송아지가 무엇을 원하는지 생각해 보고, 손가락을 송아지 입에 넣어서 빨게 하더니 쉽게 외양간으로 끌고 갔어요. 송아지는 풀을 먹고 싶었던 게 아니라, 뭔가를 빨고 싶었던 것이죠.

우리가 어떤 행동을 하는 이유는 우리가 뭔가를 원하기 때문입니다. 여러분이 자선 단체에 기부금을 낸다면 그것을 통해 누군가를 '도와주는 기쁨'을 느끼고 싶기 때문입니다. 만약 손해를 보기 싫다고 생각했다면 기부하지 않았을 것입니다. 해리 A. 오버스트리트 교수는 그의 책 『인간 행동에 영향을 미치는 방법』에서 이렇게 말했어요.

'사람의 행동은 마음 깊은 곳에 있는 욕망에서 시작된다. 따라서 직장, 가정, 학교, 정치판뿐 아니라 그 어디에서든 누군가를 설득하려면 먼저 상대방이 가진 강한 욕구를 불러일으켜야 한다. 이것을 할 수 있다면 세상을 얻겠지만, 그렇지 않은 사람은 외로운 길을 걷게 될 것이다.'

이 말은 우리가 어디서든 다른 사람을 설득할 때 상대방이 원하는 것을 먼저 생각해야 한다는 뜻이에요. 그렇게 하면 성공할 수 있지만, 그렇지 않으면 어려움을 겪게 된다는 의미입니다.

앤드류 카네기는 스코틀랜드에서 태어나 시간당 2센트만 받으며 일을 시작했습니다. 하지만 나중에는 3억 6,500만 달러를 기부할 정도로 크게 성공하지요. 그가 이렇게 성공할 수 있었던 이유는 사람들이 무엇을 원하는지 이해하고, 그것을 이야기하는 것이 사람을 움직이는 유일한 방법이라는 사실을 일찍 깨달았기 때문입니다. 그는 학교에 오래 다니지 않았지만, 사람을 다루는 법을 잘 알고 있었던 것입니다.

한 가지 재미있는 일화를 이야기해 볼까요? 카네기의 형수는 두 아들 때문에 걱정이 많았습니다. 두 아들은 예일 대학교에 다니고 있었는데, 도무지 집에 소식을 보내지 않았습니다. 화가 난 엄마는 편지를 보냈지만 아들들은 깜깜무소식이었습니다.

이를 본 카네기는 자신이 편지를 쓰면 조카들에게서 답장을 받을 수 있다고 장담했어요. 심지어 그는 100달러 내기를 걸었습니다. 그러고는 조카들에게 일상적인 이야기가 담긴 편지를 써서 보내면서, 편지의 마지막에 '용돈으로 5달러 지폐 두 장을 넣었으니 잘 쓰거라.'는 말을 덧붙였지만, 일부러 돈을 넣지 않았어요.

결과는 어땠을까요? 얼마 지나지 않아 조카들은 바로 답장을

47

보냈어요. 편지에는 '보고 싶은 삼촌께, 연락 주셔서 감사합니다'라는 말이 있었고, 그 다음 내용은 여러분도 상상할 수 있을 것입니다. 결국, 카네기가 내기에서 이긴 것입니다! 여러분도 누군가를 설득해야 할 때가 있을 거예요. 그럴 때는 먼저 잠시 멈추고 스스로에게 이렇게 물어보세요.

'저 사람이 이 일을 하고 싶게 만들려면 어떻게 해야 할까?'

이 질문을 통해 상대방이 원하는 것을 생각하지 않고, 내가 원하는 것만 이야기하는 상황을 피할 수 있을 것입니다.

뉴욕의 한 호텔에서 강연을 예약했을 때의 일입니다. 호텔 측에서 임대료를 갑자기 세 배나 올리겠다고 통보해 왔어요. 이미 강연 참석자들에게 티켓을 배포한 뒤였기 때문에 임대료 인상은 반영할 수 없었어요. 당연히 저도 인상된 임대료를 내고 싶지 않았죠. 그런데 호텔 측에 제가 원하는 조건을 말하는 건 소용 없는 행동이라고 생각했어요. 그래서 호텔 매니저를 찾아가 이렇게 말했습니다.

"편지를 받고 좀 놀랐습니다. 당신을 탓하고 싶은 생각은 없습니다. 또한 호텔 측이 임대료를 올리겠다고 한 것도 이해합니다. 당신의 임무는 가능한 한 많은 수익을 내는 것이니까요. 하지만 우리가 이익과 손해를 한번 적어 보고 생각해 봤으면 합니다."

이렇게 말하고 종이 가운데 선을 긋고 왼쪽에는 이익, 오른쪽에는 손해라고 썼습니다.

'이익' 쪽에다는 '연회장 예약 없음'이라고 쓰고 "연회장이 비어 있으면, 무도회나 회의를 유치해서 더 많은 돈을 벌 수 있겠죠"라고 말했습니다.

'손해' 쪽에는 '임대료 못 받음', '강연 참석자들에게 광고 효과 없음'이라고 적고는 이렇게 말했습니다. "저는 인상된 임대료를 낼 수 없기 때문에, 강연을 다른 곳에서 하게 될 것입니다. 호텔은 수익을 전혀 얻지 못하겠지요. 게다가 제 강연에 참석할 많은 사람들에게 호텔 광고 효과도 기대할 수 없게 될 것입니다. 이건 신문에 5,000달러짜리 광고를 싣는 것보다 훨씬 가치 있는 일입니다."

결국, 매니저는 임대료를 세 배 올리는 대신 50%만 인상하기로 했습니다.

만약 제가 감정적으로 대응했다면 어떻게 되었을까요? 예를 들어, 매니저에게 뛰어 들어가서 "이게 무슨 일입니까? 티켓을 다 배포했는데 갑자기 세 배 인상이라니, 말도 안 돼요!"라고 소리쳤다면, 논쟁만 벌어졌을 것입니다. 설령 제 말이 맞았다고 해도, 매니저는 자존심 때문에 양보하지 않았을 것입니다. 제가 원하는 것을 얻을 수 있었던 이유는, 제가 호텔 측의 입장을 이해하고, 그들이 원하는 것을 먼저 이야기했기 때문임을 기억하세요.

여기 인간관계를 잘 맺기 위한 최고의 조언이 있습니다. **헨리 포**

드는 이렇게 말했어요.

"내게 성공 비결이 하나 있다면 그것은 타인의 입장을 이해하고 자기 자신뿐 아니라 타인의 관점에서 사물을 보는 능력이다."

미국의 자동차 회사 포드를 설립한 **헨리 포드**(1863~1947)는 컨베이어 벨트를 이용한 조립 생산 라인인 '포드 시스템'으로 유명하며 '자동차 왕'으로도 불린다.

이 말은 분명하고, 간단해서 누구나 그 안에 담긴 진실을 금방 알아차릴 수 있습니다. 하지만 안타깝게도 열 명 중 아홉 명은 이 간단한 진리를 실천하지 않습니다. 여러분 주위를 둘러보세요. 생각보다 많은 사람이 이 간단한 원칙을 무시하고 있다는 사실을 알게 될 거예요.

매일 수천 명의 영업 사원들이 적은 월급에 시달리며, 별다른 의욕 없이 피곤하게 돌아다닙니다. 왜 그럴까요? 그들은 자신이 원하는 것만 생각하고, 고객이 무엇을 원하는지는 고민하지 않습니다. 만약 어떤 영업 사원이 자신의 상품이나 서비스가 고객의 문제를 해결하는 데 도움이 된다는 것을 보여 준다면, 그 사람은 굳이 열심히 설득하지 않아도 우리 스스로 그 물건을 사고 싶어질 것입니다. 고객은 단순히 물건을 사야 하는 대상이 아니라, 스스로 선택해서 구매하는 주체로 느끼고 싶기 때문이죠.

저는 뉴욕에 있는 포리스트 힐스라는 동네에 살고 있어요. 어느 날, 롱아일랜드에서 오랫동안 부동산 중개업을 한 사람을 만났습

50

니다. 그 사람은 내가 사는 지역에 대해 잘 알고 있었기 때문에, 나는 우리 집 외벽에 철망을 넣어 마감한 건지 아니면 속이 비어 있는지 물어봤습니다. 그랬더니 그는 모른다고 답하면서, 포리스트 힐스 주택협회에 전화해 보라고 했죠. 그건 이미 저도 알고 있는데 말이죠.

다음 날, 그 중개업자가 저에게 편지를 보냈어요. 저에게 필요한 정보는 보내지 않았고, 그저 자기가 제 보험을 맡게 해 주었으면 좋겠다고만 했죠. 그는 나를 돕는 일보다는 자신의 이익에만 신경 쓴 겁니다. 여러분이라면 이 사람을 신뢰할 수 있을 것 같나요?

이런 일도 있습니다. 몇 년 전, 필라델피아에 있는 유명한 이비인후과 의사에게 진찰을 받으러 갔어요. 그런데 그 의사는 내 편도선이 얼마나 부었는지보다는 내가 무슨 일을 하고 얼마나 돈을 버는지에만 관심이 있었습니다. 그는 나를 어떻게 도와줄지를 생각하지 않고, 오히려 나에게서 얼마나 돈을 벌 수 있을지에만 신경 썼죠. 결국 나는 그 의사에게 치료를 받지 않고 곧바로 병원에서 나와 버렸어요. 환자의 건강 문제에 관심을 보이지 않는 의사에게 건강을 맡길 사람이 누가 있겠어요?

세상에는 이렇게 자신만 생각하는 사람들이 정말 많습니다. 조건 없이 다른 사람을 도와주려고 노력하는 사람은 거의 없어요. 그렇기에 남을 진심으로 도와주려는 사람은 특별한 이익을 얻게 되는 경우가 많아요. 경쟁자가 거의 없기 때문이죠.

오언 D. 영이라는 사람은 이렇게 말했어요.

"다른 사람의 입장이 되어 그들의 마음을 이해할 수 있는 사람은 자신의 미래를 걱정할 필요가 없다."

여러분도 이 책을 읽고 나서 항상 다른 사람의 입장에서 생각하고, 그들이 어떻게 느낄지 생각하는 습관을 들여 보세요. 분명히 여러분의 인생에 큰 변화를 가져올 거예요.

많은 사람이 대학교에 가서 로마 시인 베르길리우스에 관해 배우고 수학 지식에 통달하지만, 정작 자신의 마음이 어떻게 움직이는지 잘 모르는 경우가 많습니다. 예를 하나 들어 볼게요. 한 번은 캐리어사에 입사 예정인 대학생들을 대상으로 '효과적인 말하기' 수업을 진행한 적이 있습니다. 이 회사는 대형 건물과 극장용 냉난방 시스템을 만드는 곳이었어요.

저는 어느 신입 사원에게 한 가지 과제를 냈어요. 다른 사람들에게 같이 농구하러 가자고 설득해 보라고 했습니다.

"우리 나가서 농구하지 않을래요? 난 농구를 좋아해서 체육관에 자주 가는데, 요즘 사람이 부족해서 게임을 못 하고 있어요. 며칠 전에는 겨우 두세 명이 모여서 공 던지기를 하다가 눈에 공을 맞았지 뭐예요. 그러니까 내일 밤에 몇 명이 더 와 주면 좋겠어요."

자 보세요. 이 친구는 자신의 얘기만 하고 있어요. 듣는 입장에서는 그 친구가 뭘 원하는지 관심이 없을 수 있습니다. 눈에 공 맞는 것도 싫고, 체육관에 가고 싶지 않을 수도 있겠지요.

그렇다면 어떻게 하면 더 잘 설득할 수 있을까요?

"우리 같이 농구하러 가실래요? 좀 뛰다 보면 활력도 생기고, 밥맛도 좋아져요. 머리도 맑아지고 스트레스도 풀릴 거예요. 물론 재미있기도 하고요. 무엇보다 신입사원들끼리 아직 어색한데 서로 알아 가는 기회가 될 거예요. 내일 밤에 농구 코트에서 만나요."

여기서 오버스트리트 교수의 중요한 교훈을 다시 떠올려봅시다.

"어디에서든 누군가를 설득하려면 먼저 상대방이 가진 강한 욕구를 불러일으켜야 한다. 이것을 할 수 있다면 세상을 얻겠지만, 그렇지 않은 사람은 외로운 길을 걷게 될 것이다."

상대방이 원하는 것을 들어주자

카네기 인간관계 수업을 듣는 수강생 중 한 명은 아들 때문에 고민하고 있었습니다. 이 아이는 편식을 하고 있었고, 그로 인해 저체중 문제를 겪고 있었어요. 부모님은 아이를 꾸중했습니다. "얘야. 이걸 먹어야 건강해질 수 있어!"라고 말했지만, 아이는 그 말에 전혀 관심이 없었어요. 그저 잔소리로만 들렸죠. 이제야 아빠도 그 사실을 깨닫게 되었습니다. 그러곤 아들이 진짜로 원하는 것이 무언인지 아이의 시각에서 생각해 보기 시작했어요.

그러던 어느 날, 아이 아버지는 문득 아들이 바라는 것을 깨닫게 되었어요. 문제를 해결할 방법을 떠올린 것이었어요. 그 아이는 집 앞에서 세발자전거를 타고 노는 것을 좋아했습니다. 그런데 이웃집에 살던 덩치 큰 꼬마가 자꾸 괴롭히고 세발자전거를 빼앗았던 거예요. 이런 일이 매일같이 반복됐습니다. 그래서 아버지는 이렇게 말했어요.

"네가 밥을 잘 먹으면, 덩치가 커지고 힘도 세져서 그 꼬마를 이길 수 있을 거야!"

그러자 아이는 자신을 괴롭히는 나쁜 녀석을 혼내 주기 위해서 시금치, 고등어 등을 가리지 않고 잘 먹기 시작했습니다.

이 문제를 해결하고 아빠는 또 다른 문제에 도전합니다. 아이가 밤에 자꾸 이불에 오줌을 싸는 습관이 있었던 것입니다. 부모님은 아이를 고치려고 여러 가지 방법을 시도했지만, 아이는 쉽게 고쳐지지 않았어요. 부모님은 야단도 쳐 보고, 아이에게 부끄러움을 주기도 했지만 효과가 없었죠.

이번에도 역시 아이가 진짜로 무엇을 원하는지 생각해 보게 되었어요. 아이는 아빠처럼 멋진 파자마를 입고 싶어 했고, 자기만의 침대도 갖고 싶어 했죠. 그래서 부모님은 아이에게 약속했어요.

"이제 더는 밤에 실수하지 않으면 멋진 파자마를 사 주고, 너만의 침대를 사 줄게!"

이 말을 들은 아이는 매우 기뻐했고 드디어 자신만의 근사한 침대와 파자마를 갖게 되었어요. 아이는 자기가 직접 선택한 침대에서 자는 것이 너무 자랑스러워서, 더는 이불에 실수하지 않겠다고 결심했어요. 이제 어른처럼 파자마를 입고 혼자 침대를 사용하니 어른스럽게 행동할 수 있다고 생각한 것입니다. 결국, 아이는 약속을 지켰고 더는 실수하지 않게 되었어요.

윌리엄 윈터는 "자기표현 욕구는 인간 본성에서 중요한 필수적인 요소다"라고 말했어요. 요점은 이것입니다.

"상대방의 마음속에 강한 욕구를 불러일으켜라. 그렇게 하면 세상을 얻을 수 있을 것입니다."

원칙 3

상대방의 마음속에 강한 욕구를 불러일으키세요.

관계를 위한 3가지 기본 원칙

1. 비판하지 말고, 비난하지 말고, 불평하지 말라.

2. 솔직하고 진심 어린 칭찬을 하라.

3. 상대방의 마음속에 강한 욕구를 불러일으켜라.

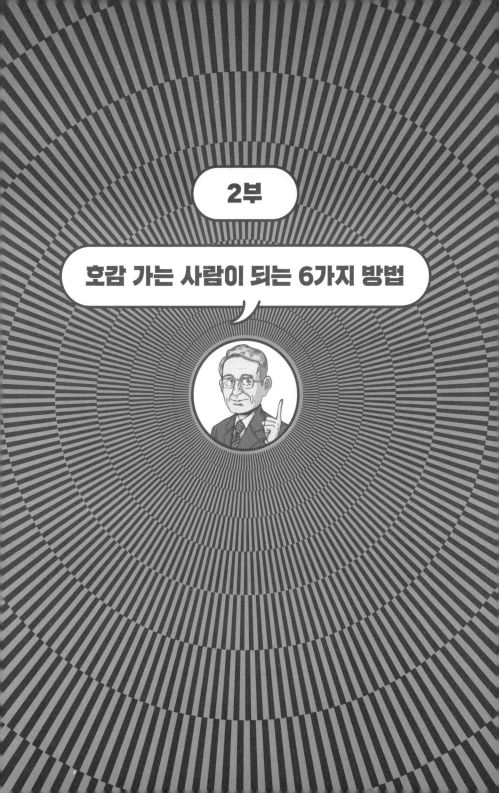

2부

호감 가는 사람이 되는 6가지 방법

상대방에게 진심으로
관심을 기울이자

관심을 끌려고 일부러 애쓰지 말자

지금 이 책을 읽는 이유가 친구 사귀는 방법을 배우고 싶어서인
가요? 그렇다면 세상에서 친구를 가장 잘 사귀는 이의 기술을 배
우면 됩니다. 지금이라도 당장 집 밖에 나가면 어디서나 그를 만
날 수 있습니다.

그는 여러분을 무척이나 반가워할 것입니다. 어쩌면 꼬리를 흔
들며 맞이할지도 모르겠네요. 여러분이 다정하게 쓰다듬기라도
하면 기뻐서 펄쩍펄쩍 뛰면서 온몸으로 애정을 표현할 것입니다.
그렇습니다. 그는 개입니다.

개는 세상에서 살기 위해 일을 하지 않아도 되는 유일한 동물입
니다. 닭은 알을 낳아야 하고, 젖소는 우유를 짜야 하며, 카나리아

59

는 노래를 해야 하지만, 개는 사람에게 사랑만 주면 충분합니다.

어릴 적 저에게는 노란 털이 복슬복슬한 강아지 '티피'가 있었습니다. 티피는 내 어린 시절을 비추는 빛이었고 매일 오후가 되면 나를 반겨 주었죠. 학교에서 돌아오는 내 목소리를 듣거나 내가 보이기만 하면 총알같이 달려와서 나를 기쁘게 맞이하곤 했습니다. 어느 날, 티피는 나와 단 몇 미터 떨어진 곳에서 벼락을 맞아 세상을 떠났습니다. 그날의 기억은 내 어린 시절의 비극으로 남아 있습니다.

티피는 심리학 책을 읽은 적도 없었지만, 중요한 사실을 본능적으로 알고 있었습니다. 누군가에게 진심으로 관심을 가지면, 다른 사람의 시선을 끌기 위해 애쓰는 사람보다 더 많은 사람을 짧은 시간 안에 친구로 만들 수 있다는 사실을 말이죠.

당신이 먼저 다른 사람에게 진심으로 관심을 보인다면, 그들이 당신에게 자연스럽게 관심을 가지게 됩니다. 이를 통해, 2년 동안 어렵게 사귈 친구보다 더 많은 친구를 단 두 달 안에 사귈 수 있습니다. 물론, 다른 사람의 관심을 끌려고 애쓰는 노력은 아무런 효과가 없습니다. 사람들은 우리에게 큰 관심을 두지 않습니다. 그들은 대부분 자신에게만 관심이 있고, 온종일 자신을 생각할 뿐입니다.

한 번은 뉴욕전화회사가 흥미로운 조사를 했습니다. 전화 통화 중 가장 많이 사용되는 단어는 '나'였습니다. 500번의 전화 통화 중 '나'라는 단어는 무려 3,990번이나 등장했습니다. 사람들은 대부분 자신에게만 집중한다는 뜻이겠지요.

여러분이 다른 사람의 관심을 얻고 싶다면, 먼저 그들에게 관심을 보여야 합니다. 친구를 사귀고 싶다면 당신이 먼저 상대방을 진정으로 이해하고 관심을 기울여야 해요. 단순히 다른 사람에게 관심을 끌려고 애쓰는 것만으로는 진정한 친구를 만들 수 없습니다.

나폴레옹도 아내 조세핀을 마지막으로 만난 자리에서 이렇게 말했다고 합니다.

프랑스의 군인이자 황제였던 **나폴레옹 보나파르트**(1769~1821)는 프랑스 혁명의 혼란기에 정권을 잡은 뒤 유럽 여러 나라를 침공해 세력을 확장하였다. 러시아 침공에 실패한 뒤 몰락하였고, 워털루 전쟁 패배 뒤 세인트헬레나 섬에 유배되었다.

"조세핀, 나는 세상에서 가장 운 좋은 남자였소. 그런데 지금은 내가 의지할 수 있는 사람은 당신뿐이오"

역사가들은 나폴레옹이 과연 조세핀을 정말로 의지했는지 의문을 품습니다.

오스트리아의 유명한 심리학자 알프레드 아들러는 『당신에게 인생의 의미는 무엇인가』라는 책에서 이렇게 말합니다.

"타인에게 관심을 갖지 않는 사람들은 인생에서 큰 고난을 겪고, 다른 사람에게도 가장 큰 상처를 준다. 인류의 모든 실패는 이런 유형의 사람들로부터 기인한다."

아들러는 인류의 많은 실패가 이러한 무관심에서 비롯된다고 강조합니다. 이것은 매우 중요한 교훈이며, 사람과의 관계를 다루는 모든 영역에서 통하는 진리이기도 합니다.

내가 먼저 관심을 보이면 상대방도 관심을 보인다

예전에 저는 뉴욕 대학교에서 단편소설 창작 강의를 들은 적이 있습니다. 「콜리어스」라는 유명 잡지의 편집장이었던 초청 강사는 매일 책상 위에 쌓인 수십 편의 소설 원고를 읽는다고 했습니다. 그런데 어떤 원고는 몇 구절만 읽어도 그 작가가 사람에 대한 애정이 있는지 아닌지를 알 수 있다고 합니다. 그리고 이렇게 덧붙였습니다.

"작가가 사람을 좋아하지 않으면, 사람들도 작가의 소설을 좋아하지 않습니다."

이 편집장은 한참 이야기하다가 다시 강조하며 말했습니다.

"설교처럼 들릴 수 있겠지만, 꼭 기억하세요. 정말로 소설을 잘 쓰고 싶다면 사람에게 관심을 가져야 합니다."

이 이야기는 비단 글을 쓰는 작가에게만 해당되는 것이 아닙니다. 사람들과의 모든 관계에서도 충분히 통하는 방법입니다. 하워드 서스턴이 브로드웨이에서 마지막 공연을 할 때, 나는 그의 분장실을 찾아갔습니다. 서스턴은 자타가 공인하는 마술의 대가였으며, 특히 손 마술의 황제로 불렸습니다. 40년 동안 전 세계를 순회하며 관객을 놀라게 하고, 환상을 창조하며 무대를 빛냈습니다. 그의 공연을 본 관객은 무려 6,000만 명이 넘었고, 벌어들인 돈은 거의 200만 달러에 달했습니다.

나는 그에게 성공 비결을 물었습니다. 그의 답변은 매우 인상적이었습니다. 서스턴은 학교 교육을 받지 않았습니다. 어릴 때 집을 떠나 떠돌이 생활을 했고, 화물차에서 잠을 자거나 거리에서 음식을 구걸하며 살았습니다. 그는 기차역의 표지판을 보며 글을 겨우 배울 정도로 교육을 받지 못한 사람이었습니다. 그렇다고 마술에 대한 특별한 지식이 있었던 것도 아니었습니다. 그는 마술에 관한 책이 이미 수백 권이나 나와 있으며, 많은 마술사들이 손 마술을 자신만큼 잘한다고 말했습니다. 그렇다면 과연 그의 인기 비결은 무엇이었을까요?

서스턴은 두 가지 특별한 능력을 가지고 있었습니다.

첫째로 그는 무대에서 자신의 개성을 표현하는 능력이 뛰어났습니다. 그는 정말 탁월한 쇼맨십을 가지고 있었습니다. 무대에서 펼치는 제스처, 말투, 눈썹의 움직임까지 철저히 연습했습니다. 무대 위에서 그는 초 단위로 쪼개 움직임을 설계할 정도로 철저했습니다.

둘째 이유가 진짜 중요합니다. 그는 사람에 대한 진심 어린 관심을 가지고 있었습니다. 그에게 가장 중요한 것은 관객에 대한 사랑이었습니다. 많은 마술사들이 관객을 속이려고만 했습니다. 다른 마술사들은 대부분 '그래 오늘도 저 미련한 인간들을 잘 속여 보자' 하고 생각하는 반면, 서스턴은 매 공연 때마다 무대에 오르며 '나는 관객을 사랑한다. 저들이야말로 내가 즐거운 일을 하며 살 수 있게 해 주는 사람들이다. 오늘도 감사한 마음으로 최고의 무대를 보여주자'라는 마음을 되새겼습니다.

그렇습니다. 그의 성공 비결은 마술의 기술뿐 아니라, 타인에 대한 진심 어린 관심과 사랑이었습니다.

이것은 시어도어 루스벨트 대통령의 인기 비결이기도 합니다. 루스벨트 대통령은 자신의 직위와 상관없이 주변 사람들에게 항상 진심 어린 관심을 보여 주었고, 그래서 많은 사람이 그를 좋아했습니다. 그의 흑인 하인이었던 제임스 E. 에이머스는 『시종의 영웅인 시어도어 루스벨트 대통령』이라는 책에서 한 감동적인 일화를 소개했습니다.

에이머스의 아내가 한 번은 대통령에게 메추라기에 대해 물었을 때, 루스벨트는 매우 자세히 설명해 주었습니다. 며칠 뒤, 대통령은 직접 전화를 걸어 집 근처에 메추라기가 있으니 창밖을 내다보라고 알려 주었습니다. 이런 작은 배려가 그가 사람들을 어떻게 생각하는지를 잘 보여 줍니다. 또한, 루스벨트는 백악관을 방문할 때마다 "안녕, 애니!", "잘 지냈나, 제임스!" 하며 하인들까지도 모두 이름을 부르며 인사를 건넸습니다. 사람들에게 진심으로 관심을 갖는 것이 바로 그가 성공적인 대통령으로 인기를 얻은 비결 중 하나였습니다.

찰스 W. 엘리엇 박사는 그가 하버드 대학 총장으로서 성공한 비결 중 하나로 학생들에 대한 깊은 관심과 배려를 꼽습니다. 그의 방식은 단순히 행정적인 지원에 그치는 것이 아니라, 사람들의 개인적인 문제까지도 진심으로 신경 썼다는 점에서 두드러집니다.

어느 날 L. R. G. 크랜든이라는 신입생이 학자금 50달러를 빌리러 총장실을 찾아 왔습니다. 대출이 승인된 뒤, 크랜든이 감사 인사를 하고 나가려 하자, 엘리엇 총장은 그를 잠시 붙잡고 이렇게 말했습니다.

"자네가 혼자 자취하고 있다고 들었네. 나는 밥만 제때 잘 챙겨 먹으면 자취가 그리 나쁘지 않다고 생각하네. 나도 대학 다닐 때 자취를 했지."

그러면서 그는 학생에게 자신의 경험을 나누며, 자취 생활 중에도 영양가 있는 음식을 챙겨 먹는 방법을 세세히 알려 주었습니다. 그러곤 소고기 미트볼을 만드는 법을 알려 주며, 고기를 고르는 방법부터 요리하는 방식은 물론 어떻게 하면 영양을 잘 섭취할 수 있는지를 꼼꼼히 설명해주었죠.

이런 이야기를 들은 크랜든 학생은 총장이 자신의 경제적 문제뿐만 아니라 건강과 생활까지도 깊이 신경 써 준다는 점에 큰 감동을 받았습니다. 엘리엇 총장의 이런 태도는 그가 단지 학문적 지도자가 아니라 학생들의 삶 전반에 걸쳐 진심으로 관심을 기울인 사람임을 보여줍니다.

세상에서 가장 바쁜 사람일지라도 진심으로 그 사람에게 관심을 보이면 그의 시간, 관심, 도움을 받을 수 있다는 사실을 나는 직접 경험을 통해 배웠습니다.

저는 브루클린 예술과학재단에서 소설 쓰기 강의를 한 적이 있습니다. 나와 학생들은 유명한 작가들의 경험을 통해 더 배우고 싶었습니다. 캐슬린 노리스, 패니 허스트, 아이다 타벨, 루퍼트 휴즈 같은 유명한 작가들을 초청하고 싶었지요.

우리는 그 작가들에게 "작가님의 작품을 정말 좋아하고, 작가님의 충고와 성공 이야기를 듣고 싶습니다"라는 내용의 편지를 보냈습니다. 그리고 "작가님이 너무 바쁘시니 긴 강연 대신, 설문지를 보내 드릴 테니 간단히 답변해 주시면 감사하겠습니다"라는 말도 덧붙였습니다. 이 편지에는 150명의 학생들이 서명을 했어요. 작가들은 이런 편지를 받고 기뻐했고, 실제로 시간을 내어 우리에게 강연을 해 주기도 했습니다.

이런 방법으로 우리는 시어도어 루스벨트 대통령의 재무장관이었던 레슬리 M. 쇼, 프랭클린 D. 루스벨트 같은 많은 유명 인사들을 초청해 강의를 들을 수 있었습니다.

친구를 사귀고 싶다면 노력하라

친구를 사귀고 싶다면 상대를 위해 무엇인가를 해 주는 노력이 필요합니다. 시간, 에너지, 배려심, 사려 깊음 등 공을 들여야 하지요.

윈저 공은 영국의 황태자였을 때 남미를 순방할 계획이 있었습니다. 그는 그 여행 전에 몇 달 동안 에스파냐어를 공부해서 남미 사람들에게 그들의 언어로 연설을 했습니다. 당연히, 남미 사람들은 그를 매우 좋아하게 되었죠.

저 역시 친구들의 생일을 기억하기 위해 노력해 왔습니다. 어떻게 했을까요? 상대방에게 생일을 물어보는 방법도 단순하지 않았어요. 예를 들어, "생일이 사람의 성격과 관련이 있다고 생각해?"라며 이야기를 시작한 뒤, 자연스럽게 생일을 물어봅니다. 그런 뒤 그 대답을 잊지 않으려고 머릿속으로 되새기고, 나중에 그 생일을 메모해 둡니다.

그 뒤로 저는 해마다 그 사람의 생일을 달력에 표시해 두고, 생일이 되면 편지나 메시지를 보내요. 그렇게 하면 나는 종종 그 사람의 생일을 기억해 주는 몇 안 되는 사람 중 하나가 됩니다. 이런 작은 배려가 큰 효과를 낳는다는 사실을 경험했습니다.

누군가와 좋은 관계를 맺고 싶다면 먼저 그에게 진심 어린 관심을 보이는 일이 중요합니다. 특히 활기차고 열성적으로 맞이하는 태도는 상대방에게 긍정적인 인상을 줄 수 있습니다. 전화를 받을 때, 상대방이 나에게 전화를 걸어 줘서 기쁘다는 느낌을 주며 "여보세요"라고 활기차게 대답하는 것만으로도 상대방에게 큰 호감을 줄 수 있습니다.

뉴욕 전화회사는 전화 교환원들이 "전화번호를 말씀해 주세요" 대신, "안녕하세요, 전화해 주셔서 감사합니다"라는 느낌을 전할 수 있는 어조로 훈련시키고 있다고 합니다. 우리도 이런 태도를 일상생활에 적용할 수 있습니다.

이런 원칙은 친구를 사귈 때만이 아니라 어떤 일을 할 때도 큰 효과를 발휘할 수 있습니다. 찰스 R. 월터스는 뉴욕의 대형 은행에서 일하면서 중요한 문서를 확보하기 위해 한 대형 제조업체의 사장을 만났습니다. 첫 만남에서 사장은 전혀 협조적이지 않았습니다. 대화는 짧고 막연했으며, 월터스 본인이 원하는 정보도 얻지 못했죠. 이때 월터스는 사장의 비서가 했던 말을 떠올렸습니다. 사장이 열두 살짜리 아들을 위해 우표를 모은다는 사실을 기억해 냈습니다. 그는 회사에 있는 세계 각국에서 도착한 편지에 붙어 있는 우표들을 조심스럽게 떼어 냈습니다.

월터스는 그 다음 날 다시 사장을 찾아가, 아드님을 위해 몇 개의 우표를 가져왔다는 메모를 남겼습니다. 이번에는 사장의 태도가 완전히 달라졌습니다. 그는 월터스의 손을 힘차게 잡으며 무슨 일이든 도와줄 것처럼 친절하게 대했습니다. 사장은 우표를 소중히 여기며 "우리 아들이 정말 좋아할 겁니다. 이건 정말 보물이에요"라고 말했죠. 그렇게 우표에 대해 이야기하고 아들 사진까지 보며 시간을 보낸 뒤, 사장은 월터스에게 필요한 모든 정보를 기꺼이 제공했습니다. 심지어 자신이 아는 것뿐만 아니라 다른 동료들에게 물어보며 더 많은 정보를 제공하려고 노력했습니다.

이처럼 상대방이 중요하게 여기는 것에 진정으로 관심을 보이면, 그들은 큰 호감을 느끼고 협력하게 됩니다. 친구를 사귀거나 직장에서 성공적인 관계를 맺고 싶다면, 먼저 상대방이 무엇에 관심을 가지고 있는지 파악하고 그에 맞춰 행동하는 것이 중요합니다.

C. M. 크니플 주니어는 오랫동안 필라델피아에서 대형 체인점에 연료를 납품하려고 애썼지만 실패했습니다. 그 체인점은 다른 지역의 경쟁업체와 거래를 계속하고 있었기 때문입니다. 실망한

그는 체인점에 대해 불만을 품고, 그 체인점을 국가적으로 해를 끼치는 존재라고까지 생각하게 되었습니다.

하지만 저는 그에게 접근 방식을 바꿔 보라고 조언했습니다. 그가 싫어하는 체인점을 옹호하는 입장에서 이야기해 보라고 말한 것입니다. 그러자 그는 그동안 경멸해 왔던 그 체인점의 이사를 찾아가, 체인점에 대해 토론을 벌일 예정이니 도움을 달라고 부탁했습니다.

놀랍게도, 그 체인점의 이사는 크니플의 부탁을 흔쾌히 받아들였고, 무려 1시간 47분 동안 체인점의 장점과 그가 자랑스럽게 생각하는 점에 대해 설명해 주었습니다. 크니플은 이사의 열정에 감명을 받았고, 그와의 대화가 자신의 생각을 완전히 바꿔 놓았다는 사실을 깨달았습니다.

더욱 놀라운 일은, 크니플이 연료를 판매하러 간 것이 아니었음에도 불구하고, 그 이사가 나중에 크니플의 회사 제품을 주문하겠다고 자발적으로 제안했다는 것입니다. 그 이유는 단순합니다. 크니플이 그 체인점의 이사에게 진심으로 관심을 가지고 그의 문제에 공감하고 대화했기 때문입니다.

이 이야기는 상대방에게 진심으로 관심을 가지는 행위의 힘을 보여줍니다. 관심을 보이는 그 두 시간이 그동안의 모든 노력보다 더 큰 성과를 이끌어 낸 것입니다. 사람은 자신에게 진심으로 관심을 가져 주는 사람에게만 마음을 열게 됩니다.

로마의 유명한 시인 푸블릴리우스 시루스는 이렇게 말했습니다.

"우리는 우리에게 관삼을 갖는 사람에게만 관심을 갖는다."

좋은 인상을 남기기 위해서는 비싼 옷이나 보석보다는 미소와 따뜻한 태도가 더 중요하다는 사실을 알 수 있습니다. 많은 사람이 외모나 물질적인 치장으로 좋은 인상을 주려고 하지만, 사람들에게 진정한 호감을 불러일으키는 것은 따뜻한 미소나 긍정적인 마음입니다.

방법 1

다른 사람에게 진심으로 관심을 가지세요.

미소를 짓자

미소가 값비싼 보석보다 중요하다

얼마 전 저는 뉴욕에서 열린 한 만찬회에 참석했습니다. 손님 중에 한 여성이 사람들에게 좋은 인상을 남기기 위해 애쓰고 있었습니다. 그녀는 꽤 많은 유산을 상속받았고 비싼 모피와 보석으로 치장했습니다. 하지만, 그녀의 시도는 썩 성공적이지 않았습니다. 얼굴에 이기적인 표정과 심술궂은 태도가 가득 차 있었기 때문입니다. 이 여성은 남들이 다 아는 사실 하나를 모르고 있는 듯했습니다. 사람의 얼굴 표정이 값비싼 보석보다 훨씬 중요하다는 사실을 말이죠.

찰스 슈워브는 자신의 '백만 불짜리 미소' 덕분에 많은 성공을 이룰 수 있었다고 말합니다. 그의 미소와 따뜻한 인격이 사람들에게 큰 호감을 불러일으켰기 때문입니다. 사람들은 화려한 외모보다 진정성을 담은 미소와 긍정적인 태도에 더 큰 감동을 받습니다.

저는 언젠가 배우이자 가수인 모리스 슈발리에와 오후를 보낸 적이 있습니다. 그런데 솔직히 조금 실망스러웠습니다. 그는 무뚝뚝하고 말수가 적은 사람이었어요. 기대했던 활기찬 모습과는 거리가 멀어 보였죠. 하지만 그가 미소를 짓는 순간 그의 분위기는 완전히 바뀌었습니다. 마치 태양이 구름 사이로 빛을 발하는 것처럼 그의 미소가 사람들에게 따뜻함과 호감을 불러일으켰습니다.

행동은 말보다 큰 힘을 발휘합니다. 특히 미소는 말보다 훨씬 많은 것을 전달할 수 있어요. 한 번의 진심 어린 미소는 "저는 당신을 좋아해요. 당신이 저를 행복하게 합니다. 당신과 함께해서 정말 기쁩니다"라는 메시지를 자연스럽게 전할 수 있습니다.

하지만 가식적인 웃음은 절대 통하지 않습니다. 우리는 인위적인 미소가 어색하고 진심이 아니라는 사실을 금방 알아차립니다. 진짜 미소, 즉 가슴 깊이에서 우러나오는 진정한 미소만이 사람들을 따뜻하게 만들고 좋은 인상을 줄 수 있습니다.

뉴욕의 한 대형 백화점 인사 관리자가 말하길, 무뚝뚝한 표정을 짓는 박사 학위 소지자보다 미소가 아름다운 사람을 더 선호한다고 말합니다.

미국 최대의 고무 제조 회사 회장은 저에게 "자신이 하는 일에서 즐거움을 느끼지 못하는 사람은 결코 성공할 수 없다"고 말했습니다. 그는 일에 대한 열정과 흥미가 성공의 핵심이라는 점을 강조했습니다. 그가 관찰한 바에 따르면, 단순히 열심히 일하는 것만으로는 성공이 보장되지 않으며, 진정으로 일을 즐길 때 비로소 성공의 가능성이 열린다고 했습니다.

그는 "나는 일을 놀이처럼 즐기면서 성공한 사람들을 알고 있다"라며, 열정적으로 일을 시작했지만 점점 그 일을 따분하고 단조롭게 느끼기 시작한 사람들은 결국 일을 즐기지 못하고 실패하게 된다고 덧붙였습니다. 결국, 즐거움이 없으면 성공도 없다는 메시지였습니다.

만약 다른 사람들과 더 좋은 관계를 맺고 싶다면, 활기차고 긍정적인 자세로 그들을 맞이하는 것이 중요합니다. 특히 미소는 강력한 도구입니다. 미소는 말하지 않아도 상대방에게 "당신을 좋아하고, 만나서 기쁘다"는 메시지를 전달합니다.

인생을 바꾸는 미소

뉴욕의 증권 중개인 윌리엄 B. 스타인하트의 이야기입니다. 그는 제 강의에서 배운 대로 미소의 힘을 실험해 보기로 했습니다.

결혼한 지 18년이 넘었지만, 그는 아내와 아침에 거의 대화하지 않았고 웃지도 않았습니다. 그러던 어느 날 그는 미소를 지어보겠다고 결심하고 아내에게 먼저 웃으며 "잘 잤어?"라고 인사를 건넸습니다. 무슨 일이 생겼을까요? 그의 아내는 놀란 정도가 아니라 큰 충격을 받은 것 같았다고 합니다. 그는 앞으로도 계속 이렇게 할 것이라고 이야기했습니다. 시간이 지나며 두 사람의 관계는 훨씬 나아졌습니다.

그는 이 경험을 통해 단지 미소를 짓는 것만으로도 아내뿐 아니라 경비원, 청소부 심지어 동료들까지 모두 긍정적인 반응을 보인다는 사실을 알게 되었습니다. 그 결과 그는 더 행복하고, 더 부유하며, 친구들도 많아졌습니다.

그는 이렇게 말했습니다.

"저는 남을 비난하는 습관을 버렸습니다. 이젠 비난 대신 감사와 칭찬을 하려 합니다. 제가 원하는 바를 말하는 것이 아니라 상대의 관점을 파악하려고 노력하고 있습니다. 이런 태도의 변화는 말 그대로 제 삶을 완전히 바꾸어 놓았습니다. 저는 더 행복해졌고, 더 많은 친구가 생겼으며, 세상에서 정말 중요한 것을 가진 진짜 부자가 되었습니다."

여러분 이 편지를 쓴 사람이 뉴욕의 주식 중개인이라는 사실을 다시 한번 떠올려 주었으면 합니다. 이 직업은 100명 중 99명이 실패할 정도로 매우 힘들고 스트레스가 많은 업종에 속합니다.

억지로라도 미소 지어 보세요

여러분도 행복해지고 싶나요? 그럼 웃어 보세요! 웃음은 생각보다 간단한 방법으로 우리의 감정을 바꿀 수 있는 강력한 도구입니다. 억지로라도 웃음을 지어 보세요. 혼자 있을 때라면 휘파람을 불거나 콧노래를 흥얼거리며 스스로를 즐거운 상태로 만들어 보세요. 이렇게 행동하면 정말로 기분이 좋아질 수 있습니다.

하버드 대학교 교수였던 윌리엄 제임스는 이렇게 말합니다.

"행동과 감정은 서로 연결되어 있기 때문에, 행동을 먼저 바꾸면 감정도 바뀔 수 있다."

이 말은 우리가 행복해지길 원할 때, 그저 행복한 사람처럼 행동하고 말하면 된다는 뜻입니다. 이미 행복한 것처럼 미소를 지으면, 진짜로 마음이 즐거워지니까요.

우리는 누구나 행복을 원합니다. 행복은 외부 조건이나 환경이 아닌 우리의 마음가짐에 달려 있습니다. 돈을 얼마나 많이 가졌는지, 사회적인 위치가 높은 지와는 상관이 없다는 뜻입니다. 행복은 우리의 생각과 태도에 달려 있습니다.

예를 들어 볼까요? 같은 일을 하고 비슷한 급여를 받는 두 사람이 있다고 해 볼게요. 한 사람은 행복하고, 다른 한 사람은 불행합니다. 그 차이는 무엇일까요? 바로 마음가짐의 차이입니다. 행복한 사람은 긍정적으로 생각하고, 불행한 사람은 부정적으로 생각하니까요.

셰익스피어는 "좋고 나쁨은 존재하지 않으며, 다만 우리의 생각이 그것을 만들어 낸다"라고 말했습니다. 링컨 역시 "대부분의 사람들은 그들이 마음먹은 만큼 행복하다"라고 했습니다. 결국 행복은 외부 요건이 아니라, 우리의 마음에서 시작되는 것입니다.

제가 뉴욕 롱아일랜드 역에서 계단을 오르고 있을 때였어요. 바로 앞에 몸이 불편한 소년들 30~40명이 있었습니다. 그들은 지팡이나 목발을 짚고 힘겹게 계단을 오르고 있었습니다. 어떤 아이는 업혀 가고 있었어요. 그런데 놀라운 건, 그 아이들이 모두 웃으며 즐거워하고 있었다는 사실입니다. 저는 놀란 마음으로 아이들을 돌보고 있던 선생님께 물었습니다.

"선생님, 아이들이 이렇게 즐겁게 웃고 있는 게 정말 놀랍네요."

그러자 선생님은 이렇게 대답하셨어요.

"처음에는 아이들도 평생 불편한 몸으로 살아가야 한다는 사실에 큰 충격을 받지만, 시간이 지나면 그걸 받아들이고 오히려 보통 아이들보다 더 밝게 지내는 경우가 많습니다."

저는 그 말을 듣고 정말 감동받았어요. 그 아이들에게 존경심을 표하고 싶을 정도였습니다. 그들은 저에게 정말 중요한 교훈을 가르쳐 주었습니다. 어려운 상황에서도 긍정적인 태도와 웃음을 잃지 않으면, 삶이 더 나아질 수 있다는 사실을 알려 준 것입니다.

철학자 엘버트 허버드의 한마디 충고를 기억하세요. 단순히 읽기만 하지 말고 한번 실천해 보세요. 여러분에게 큰 도움이 될 테니까요.

"문을 나설 때는 항상 자신감 있게 턱을 당기고 고개를 들어 보세요. 그러곤 숨을 크게 들이마시며 햇살을 한껏 받아들여 보세요. 친구들에게 밝은 미소와 진심을 담아 인사해 보세요. 혹시 오해를 받을까 걱정하지 말고 여러분이 진정으로 원하는 목표를 마음에 새기고, 그 목표를 향해 흔들림 없이 나아가세요.

여러분이 마음속에 그리고 있는 멋지고 원대한 꿈을 꾸세요. 시간이 지나면, 마치 산호가 바다의 흐름에서 필요한 것들을 자연스럽게 가져오는 것처럼, 여러분도 어느새 그 꿈을 이루는 데 필요한 기회를 얻게 될 거예요. 여러분이 되고자 하는 성실하고 능력 있는 모습을 마음에 그려 보세요. 그러면 매 순간 여러분은 그 모습에 가까워질 겁니다.

모든 것은 생각에서 시작됩니다. 올바르고 용감하고 정직하고 유쾌한 생각을 가지세요. 모든 꿈과 소망은 진실한 마음에서 나옵니다. 우리의 마음이 우리의 삶을 바꿉니다. 그러니 턱을 당기고,

고개를 들어 자신감 있게 앞으로 나아가세요."

옛 중국인들은 지혜롭기로 유명했는데, 그들의 격언 중 하나는 오늘날에도 우리가 잊지 말아야 할 중요한 교훈을 담고 있습니다. 그것은 바로 '웃지 않는 사람은 장사를 하면 안 된다'는 말입니다.

프랭크 어빙 플레처가 오펜하임 콜린스사의 광고에서 사용한 문구 역시 미소의 가치를 잘 표현하고 있습니다.

크리스마스에 보내는 미소의 가치

미소는 돈이 들지 않지만 많은 일을 해냅니다.

미소는 받는 사람을 풍요롭게 하지만, 주는 사람을 가난하게 만들지는 않습니다.

미소는 잠깐이지만, 그 기억은 오랫동안 남습니다.

미소가 필요 없을 만큼 부유한 사람은 없으며, 미소의 혜택을 누리지 못할 만큼 가난한 사람도 없습니다.

미소는 가정의 행복을 만들고, 사업에서는 호의를, 친구들 사이에서는 우정의 증표가 됩니다.

미소는 지친 사람에게 안식이 되고, 절망에 빠진 사람에게는 희망의 빛이 됩니다.

그러나 미소는 돈으로 살 수 없고, 구걸할 수도, 빌릴 수도, 훔

칠 수도 없습니다. 누군가에게 주기 전까지는 아무 쓸모가 없습니다.

그러니, 혹시 크리스마스 선물을 사러 가서 직원이 너무 지쳐서 미소조차 지을 수 없다면, 여러분이 먼저 미소를 건네주세요. 더는 미소를 지을 여력이 없는 사람일수록 미소가 가장 필요한 사람일 테니까요.

사람들이 당신을 좋아하게 만들고 싶나요? 그러면 지금…

방법 2

1. 행복해지고 싶다면 지금 행복하다고 생각하세요.
2. 미소를 지으면 삶의 태도가 바뀌고 인생이 새로워집니다.
3. 말 백 마디보다 한 번의 웃음이 더 많은 것을 전합니다.

상대방의 이름을 기억하자

이름을 기억하면 성공한다

1898년 뉴욕의 작은 마을 스토니 포인트에서 슬픈 일이 벌어졌습니다. 마을 사람들이 한 아이의 장례식을 준비하던 날이었는데, 마구간에서 키우던 말이 갑자기 난폭해지며 짐 팔리의 아버지를 발로 차서 죽이고 말았어요. 그래서 그 주에는 두 명의 장례식을 치러야 했습니다.

아버지의 죽음 이후 짐의 가족은 어려운 상황에 놓였어요. 10살이었던 짐은 벽돌 공장에서 일하며 가족을 부양하기 시작했습니다. 학교에 다닐 기회는 없었지만, 짐은 타고난 친절함과 사람을 끌어들이는 능력을 갖고 있었습니다.

짐은 사람들의 이름을 외우는 특별한 능력이 있었어요. 이 능력 덕분에 그는 정치에 입문하게 되었습니다. 고등학교 근처에도 가보지 못한 짐 팔리는 46살이 되기 전까지 네 개 대학에서 명예박사 학위를 받았고, 우정공사 총재와 민주당 전국위원회 의장이라는 중요한 자리까지 오르게 됩니다.

어느 날, 나는 인터뷰 중에 짐에게 성공 비결을 물었어요. 그는 "열심히 일했기 때문입니다"라고 대답했습니다. 하지만, 그게 전부가 아님을 저는 잘 알고 있었어요. 그래서 장난스럽게 "에이. 진짜 이유를 말해 주세요. 당신이 1만 명의 이름을 기억하고 있기 때문 아닌가요?"라고 되물었습니다. 그러자 짐 팔리는 웃으며 대답했습니다.

"틀렸습니다. 저는 5만 명의 이름을 외우고 있습니다"

여러분 이 점을 주의 깊게 기억하세요. **프랭클린 D. 루스벨트**를 미국 대통령으로 만든 킹 메이커 짐 팔리의 능력은 사람의 이름을 기억하는 것이었습니다.

프랭클린 델라노 루스벨트(1882~1945)는 미국 제32대 대통령이다. 미국의 경제 공황을 극복하기 위해 정부가 경제 활동에 적극 개입하는 '뉴딜 정책'을 강력히 추진했다.

짐 팔리가 스토니 포인트에서 공무원으로 일하던 시절, 그는 사람들의 이름을 쉽게 기억하는 방법을 개발했습니다. 새로운 사람을 만날 때 이름, 가족, 직업, 정치 성향 등을 자세히 기억했어요. 마치 머릿속에 사진처럼 그 사람의 정보를 저장했죠. 1년 뒤에도 그는 그 사람을 만나면 가족이나 취미에 대해 물어보며 친밀함을 유지했습니다. 자신을 세심하게 기억해 주는 사람을 싫어할 수 있을까요? 짐의 인기는 날로 높아졌고, 많은 사람의 지지를 얻게 되었어요.

짐 팔리는 프랭클린 D. 루스벨트가 대통령 선거를 준비할 때도 큰 역할을 합니다. 그는 수많은 사람들에게 직접 편지를 보내며 유세 여행을 떠났고, 19일 동안 20개 주를 돌며 2만 킬로미터를 이동했어요. 각 마을에서 아는 사람들을 만나 식사와 대화를 나누며 관계를 다졌습니다. 긴 여정이 끝난 뒤, 짐은 자신이 만난 사람들의 이름을 모두 기록해 편지를 보냈어요. 편지마다 '친애하는 빌에게' 같은 인사말을 써서 각 사람의 이름을 특별하게 대했습니다.

짐은 '사람들은 자신의 이름에 큰 관심을 갖는다'는 사실을 깨달았어요. 반대로, 이름을 잘못 부르거나 잊어버리면 상대방의 마음에 상처를 줄 수 있음을 이해했지요. 짐 팔리의 이야기는 사람들의 이름을 기억하고 불러 주는 것이 얼마나 큰 힘을 가질 수 있는지 알려 줍니다. 사람들은 자신의 이름이 특별하게 불리길 원합니다. 이름을 기억하는 행동은 작은 일이지만, 상대방에게 큰 감동을 줄 수 있습니다. 이름을 기억하고 불러 주는 것만으로도 상대방의 신뢰와 지지를 얻을 수 있습니다.

짐 팔리의 성공 비결은 우리에게 단순하지만 강력한 교훈을 줍니다.

'사람의 이름을 기억하는 일은 그 사람의 마음을 얻는 첫걸음이다.'

사람은 자기 이름을 중요하게 여긴다

앤드류 카네기는 '철강왕'으로 불렸지만, 사실 그는 철강 제조 기술 전문가가 아니었어요. 회사에는 그보다 철강에 대해 더 많이 아는 사람들이 많았습니다. 그럼에도 카네기는 사람을 다루는 능력 덕분에 크게 성공할 수 있었습니다.

어린 시절부터 카네기는 사람들과 협력하는 법을 배웠어요. 그가 열 살이 되던 해, 사람들은 자신의 이름이 불리는 것을 좋아한다는 점을 알게 되었죠. 이후 그는 이 사실을 사람들을 설득하고 협력하게 만드는 데 활용했습니다.

카네기의 스코틀랜드 어린 시절 이야기를 해 볼까요? 어느 날 그는 새끼를 밴 어미 토끼를 잡았고, 곧 많은 아기 토끼가 태어났어요. 문제가 생겼습니다. 카네기 혼자서는 많은 아기 토끼에게 줄 먹이를 구할 방법이 없었어요. 그때 카네기는 좋은 아이디어를 떠올립니다.

카네기는 친구들에게 "클로버나 민들레를 가져 오면 토끼의 이름을 너희 이름으로 지어 줄게!"라고 말합니다. 귀여운 토끼에게 자기 이름을 줄 수 있다는 근사한 제안에 친구들은 열심히 먹이를 가져 왔고, 토끼를 잘 키울 수 있었습니다.

이 경험은 카네기에게 사람들이 자신의 이름을 중요하게 여긴다는 사실을 깊이 깨닫게 했고, 그는 이를 사업에까지 활용하게 됩니다.

세월이 흘러 카네기는 이 심리를 사업에 활용하여 수백만 달러를 벌었습니다. 한 번은 펜실베이니아 철도 회사에 강철 레일을 팔고 싶었습니다. 당시 그 철도 회사의 사장은 J. 에드가 톰슨이었어요. 카네기는 피츠버그에 거대한 강철 공장을 짓고는 '에드가 톰슨 제철소'라고 이름 지었습니다. 여러분도 생각해 보세요. 펜실베이니아 철도 회사가 강철 레일이 필요했을 때, 사장인 J. 에드가 톰슨은 어느 회사에서 레일을 구입했을까요?

카네기는 자신의 '토끼' 교훈을 침대 열차 사업에서도 잘 활용했습니다. 그 당시 카네기는 발명가 조지 M. 풀먼과 경쟁하면서 침대 열차 사업의 주도권을 놓고 싸우고 있었습니다. 카네기가 운영하던 센트럴 철도 회사와 풀먼의 회사는 치열한 경쟁을 벌였고, 결국 너무 과열된 경쟁 때문에 두 회사 모두 사업에서 이익을 내지 못할 상황에 처했습니다.

그러던 중, 카네기와 풀먼은 유니온 퍼시픽 철도 회사의 침대 열차 사업을 성사시키기 위해 뉴욕에서 이사진을 만나기로 했습니다. 어느 날 오후, 세인트 니콜라스 호텔에서 카네기는 풀먼에게 다가가 인사를 건넸습니다.

"안녕하세요, 풀먼 씨. 우리 둘이 서로 어리석은 짓을 하고 있는 것 같지 않나요?"

풀먼은 의아해하며 물었습니다.

"그게 무슨 말씀이시죠?"

카네기는 자신이 생각해 둔 제안을 설명했습니다. 두 회사가 경쟁을 멈추고 공동으로 투자하여 협력하는 방안을 내놓은 것입니다. 그는 이렇게 함께 일할 때 얻을 수 있는 이익을 강조하며 설득했지만, 풀먼은 쉽게 확신하지 못하는 눈치였습니다. 마침내 풀먼이 물었습니다.

"새 회사의 이름은 뭐라고 할 건가요?"

카네기는 즉시 대답했습니다.

"당연히 풀먼 객차 회사죠."

이 말을 들은 풀먼의 표정은 밝아졌고, 그는 카네기에게 "제 방에서 좀 더 얘기해 봅시다"라고 말했습니다. 이 대화가 두 회사의 협력으로 이어져, 산업계의 역사적인 순간을 만들게 된 것입니다.

앤드류 카네기가 성공한 비결 중 하나는 친구들과 동료들의 이

86

름을 기억하고 그 이름을 존중하는 것이었습니다. 그는 수많은 직원들의 이름을 모두 외우고 불렀으며, 이로 인해 직원들과의 관계가 더욱 돈독해졌습니다. 실제로, 카네기가 회사를 경영하는 동안 그의 회사에서는 한 번도 파업이 일어나지 않았습니다. 직원들이 자신이 존중받는다고 느꼈기 때문입니다.

사람들은 자신의 이름에 강한 자부심을 느끼고, 이름이 기억되고 존중받기를 원합니다. 유명한 쇼맨 P. T. 바넘은 자신에게 아들이 없다는 사실에 실망하여, 외손자에게 '바넘'이라는 이름을 물려받으면 2만 5,000달러를 상속해 주겠다고 제안할 정도였습니다.

부유한 사람들은 작가들을 후원하고, 자신에게 책을 헌정하게 하곤 했습니다. 또한, 도서관이나 박물관에 고급 소장품이 있는 이유는 자신의 이름이 역사에서 잊히는 것을 두려워한 사람들이 그것들을 기증했기 때문입니다. 예를 들어, 뉴욕 시립 도서관에는 레녹스와 에스터의 소장품이 있고, 메트로폴리탄 박물관에는 벤저민 알트만과 J. P. 모건의 이름이 새겨져 있습니다. 많은 성당에도 기증자의 이름이 새겨진 스테인드글라스 창문이 장식되어 있습니다.

상대방의 이름을 존중하라

사람들이 다른 사람의 이름을 기억하지 못하는 이유는 그 이름을 기억하기 위해 노력하지 않기 때문입니다. 이름을 반복하고 마음속에 새기는 데 시간을 들이지 않기 때문에 기억하지 못하는 것입니다. 사람들은 너무 바빠서 다른 사람의 이름을 외울 시간이 없다고 핑계를 대지만, 프랭클린 D. 루스벨트만큼 바쁜 사람도 기계공의 이름까지 기억하는데 시간을 아끼지 않았다는 사실을 기억해야 합니다.

크라이슬러 자동차 회사에서 다리가 불편한 루스벨트 대통령을 위해 자동차 한 대를 특수 제작한 적이 있습니다. 이 차를 백악관으로 운반한 기계공 W. F. 체임벌린은 그때의 경험을 이렇게 적었습니다.

"저는 루스벨트 대통령께 특수 장치가 장착된 자동차를 운전하는 법을 알려드렸습니다. 하지만 그분은 저에게 사람을 대하는 중요한 기술을 가르쳐 주셨습니다."

체임벌린은 계속해서 이렇게 말했습니다.

"제가 백악관에 도착했을 때, 대통령께서는 매우 기분이 좋아 보이셨고, 저를 친절하게 맞아 주셨습니다. 제 이름을 불러 주시며 편안하게 대해 주셨어요. 대통령께서는 차에 대해 큰 관심을 보이며 저와 대화를 나누셨습니다. 그 차는 발을 사용하지 않고 손만으로도 모든 조작이 가능하도록 설계되었습니다. 대통령께서는 여러 사람 앞에서 저에게 진심으로 감사하다고 말씀하셨습니다. 차의 세부 사항 하나하나를 세심하게 살펴보셨고, 제가 신경 썼던 모든 점에 대해 칭찬을 아끼지 않으셨습니다."

루스벨트 대통령은 그와 동행한 숫기 없는 젊은 기계공의 이름까지 기억하고, 그에게 직접 다가가 감사 인사를 전했습니다.

며칠 뒤 체임벌린은 대통령에게서 친필 서명이 된 사진과 감사의 메모를 받았습니다. 대통령이 그 바쁜 와중에 그런 세심한 배려를 할 수 있었다는 것이 체임벌린에게는 놀라운 일이었습니다.

프랭클린 D. 루스벨트는 사람들에게 호감을 얻는 가장 중요한 방법을 알고 있었습니다. 그 방법은 간단하지만 분명하고 아주 중요합니다. 사람들의 이름을 기억하고, 그들을 특별하고 중요한 사람으로 대하는 것입니다.

우리는 새로운 사람을 만나 대화를 나눈 뒤, 돌아서면 그 사람의 이름을 잊어버리는 경우가 많습니다. 하지만 정치인에게 있어서 가장 중요한 능력 중 하나가 바로 '유권자의 이름을 기억하는 것'입니다. 이름을 기억하지 못하면 그 정치인 역시 사람들의 기억 속에서 사라지게 됩니다.

사람들의 호감을 얻고 싶다면, 그들의 이름을 소중히 기억하세요.

사람들에게 그들의 이름이 세상에서 가장 달콤하고 중요한 말이 될 수 있다는 점을 기억해야 합니다.

대화를 잘하는
손쉬운 방법

경청하는 사람이 되자

대화를 잘하는 손쉬운 방법 중 하나는 바로 상대방의 이야기에 진심으로 관심을 가지는 것입니다. 최근에 저는 한 파티에 초대된 적이 있었습니다. 거기서 한 금발의 부인을 만났지요. 우리는 자연스럽게 대화를 시작하였고, 저는 예전에 유명한 여행 만담가였던 로웰 토머스와 함께 일했던 경험을 이야기했습니다. 그러자 그녀는 제가 다녀온 곳들과 아름다운 경치에 대해 이야기해 줄 수 있냐고 물었습니다.

우리가 자리를 잡고 앉자마자 그녀는 남편과 함께 아프리카 여행을 다녀온 이야기를 꺼냈습니다. 그래서 저는 "아프리카요? 정말 재미있었겠네요!"라며 관심을 표현했어요. 그 뒤 그녀는 아프리카

91

에서 자신이 경험한 이야기를 45분 동안 신나게 풀어놓았습니다. 저는 그 시간 동안 그녀의 이야기를 집중해서 듣기만 했습니다.

결국, 그녀는 제 여행 이야기를 다시 묻지 않았습니다. 그녀에게 필요한 것은 제 이야기가 아니라, 자신이 다녀온 아프리카 여행 이야기를 들어줄 사람이었으니까요. 이 부인이 특이한 것일까요? 아닙니다. 대부분의 사람들이 그렇습니다.

최근에 뉴욕에서 출판업자 J. W. 그린버그가 주최한 만찬회에 참석했을 때, 저는 저명한 식물학자를 만났습니다. 사실, 식물학자와 대화를 나눠 본 적이 없어서 그가 어떤 얘기를 할지 궁금했습니다. 그는 대마초 같은 마약 식물, 루터 버뱅크라는 신종 식물 그리고 실내 정원에 관한 이야기를 들려주었습니다. 심지어 별거 아닌 감자 하나에도 놀라운 사실들이 가득하다는 이야기도 했습니다. 저는 그의 이야기를 흥미롭게 듣느라 시간 가는 줄 몰랐습니다. 사실, 저희 집에도 작은 실내 정원이 있는데, 그 식물학자의 이야기를 들으니 제 정원 문제를 해결할 수 있는 몇 가지 아이디어가 떠오르기도 했지요.

저는 그날 다른 사람보다는 식물학자와 나누는 대화에 집중했습니다. 자정이 되어 자리를 떠나려 했을 때 그 식물학자는 주최자에게 저를 크게 칭찬했습니다. 그는 제가 '가장 활기차고 재미있는 대화 상대'라며 저를 높이 평가했습니다. 재미있는 대화 상대라고요? 사실, 저는 거의 말을 하지 않았습니다. 제가 한 일은 그의 이야기를 열심히 들어준 것뿐이었습니다. 그의 이야기가 진짜로 재미있었기에 진심으로 경청했고, 그도 그 점을 알아챈 것 같습니다.

이러한 경청은 그 사람에게 줄 수 있는 가장 큰 찬사 중 하나입니다.

『사랑의 이방인』에서 잭 우드포드는 "상대방의 이야기에 집중해서 귀를 기울이는 것은 모든 사람이 좋아할 수밖에 없는 은근한 아부와 같다"라고 말했습니다. 저는 그 식물학자의 이야기에 단순히 귀를 기울인 것을 넘어서 완전히 몰입했습니다. 그의 이야기는 매우 흥미로웠고, 저 역시 그에게 진심 어린 찬사를 보냈습니다. 정말 많은 것을 배웠고, 당신처럼 많은 지식을 쌓고 싶으며, 다시 만나 함께 들판을 거닐고 싶다고 말했습니다.

그 식물학자는 그렇게 저를 '말을 잘하는 사람'이라고 생각하게 되었죠. 사실 저는 그저 그의 말을 열심히 듣고, 그가 더 많이 말하도록 독려했을 뿐이었는데 말입니다.

성공적인 대화의 비결

성공적인 대화의 비결이 궁금한가요? 하버드 대학교 전 총장

찰스 W. 엘리엇은 이렇게 말합니다.

"성공적인 대화의 비결은 따로 있는 것이 아닙니다. 지금 당신 앞에 있는 상대방에게 온전히 귀를 기울이는 것이 가장 중요합니다. 집중해서 들어주는 것 말고는 무엇도 상대방의 기분을 좋게 만들 수 없습니다."

너무 분명한 말 아닌가요? 하버드 대학교에서 공부하지 않아도 누구나 충분히 이해할 수 있는 내용입니다. 하지만 현실에서는 많은 사람이 이를 무시하고 있습니다.

카네기 인간관계 수업을 듣는 J. C. 우튼은 이런 이야기를 들려주었습니다. 그는 뉴저지주 뉴워크의 번화가에 있는 백화점에서 양복 한 벌을 샀습니다. 그러나 집에 와서 보니, 양복에서 물이 빠져 와이셔츠 깃에 얼룩이 생겨 있었습니다. 그는 곧장 백화점으로 돌아가 양복을 판매한 직원에게 문제를 설명하려고 했습니다. 그러나 직원은 그의 말을 가로막고 이렇게 말했습니다.

"이 양복을 수천 벌 팔았지만 이런 불만은 처음입니다."

말투도 매우 차갑고 적대적이었습니다. 그 직원은 오히려 우튼이 문제를 일으키려 한다는 태도로 "거짓말하지 마세요. 저희에게 덤터기를 씌우려 하시는군요"라고 쏘아붙였습니다. 그러던 중 또 다른 판매원이 끼어들며 "진한 색 양복은 물이 빠질 수 있습니다. 그건 저희가 어쩔 수 없는 문제입니다. 그 가격대 제품이 원래 그렇습니다"라고 말했습니다.

그 말을 듣고 우튼은 화가 폭발 직전까지 났습니다. 그가 옷을 집어 던지고 욕을 하려던 찰나, 백화점 지배인이 그 옆을 지나갔습니다. 그런데 이 지배인의 태도는 완전히 달랐습니다.

첫째, 그는 우튼의 이야기를 처음부터 끝까지 가만히 들어주었습니다.

둘째, 직원들이 다시 변명하려 했을 때, 지배인은 우튼의 입장에서 그들에게 말을 했습니다. 와이셔츠 깃에 생긴 얼룩이 분명히 양복 때문에 생긴 것이라고 지적했고, 고객이 100% 만족하지 않는 제품은 팔지 말아야 한다고 언급했습니다.

셋째, 그는 문제가 있는 양복을 어떻게 처리할지를 우튼에게 물어보며 "원하시는 대로 처리해 드리겠습니다"라고 말했습니다.

몇 분 전만 해도 우튼은 그들에게 양복을 내던지며 "이 빌어먹을 양복은 당신들이나 입으세요"라고 말할 생각이었지만, 지배인의 친절한 태도에 그는 이렇게 말했습니다.

"조언을 구하고 싶습니다. 이 물 빠짐 현상이 일시적인 건가요?"

지배인은 1주일 정도 더 지켜보라고 했고, 그때까지도 문제가 해결되지 않으면 새 제품으로 교환해 주겠다고 약속했습니다. 우튼은 만족하며 매장을 나왔고, 1주일 뒤 양복은 괜찮아졌습니다. 그 뒤 우튼은 그 백화점에 대한 신뢰를 완전히 회복하게 되었습니다.

저는 그 지배인이 백화점의 사장이 되었다고 해도 놀라지 않을 것입니다. 그리고 그 두 직원이 평생 말단 직원으로 남아 있다 해도 마찬가지입니다.

정말로 이야기를 잘 들어주는 사람은 상대방이 아무리 화를 내고 불평을 해도 끝까지 경청합니다. 독사처럼 주변에 독을 뿌리듯 극심하게 비판을 쏟아내는 사람일지라도, 이해심을 가지고 묵묵히 그들의 말을 들어주는 사람 앞에서는 자연스레 마음이 누그러지게 마련입니다.

몇 년 전 뉴욕 전화 회사는 전화 교환원들을 괴롭히던 한 까다로운 고객 때문에 골치를 앓고 있었습니다. 그는 전화 요금이 잘못 청구되었다고 고함을 치며 전화기를 몽땅 뽑아버리겠다고 협박했습니다. 심지어 언론에 제보하고 공공 서비스 위원회에 수많은 불만을 제기하며 전화회사를 상대로 여러 차례 소송을 벌이기도 했습니다.

결국 회사는 가장 유능한 문제 해결사를 그 고객과 나누는 면담에 보내게 됩니다. 이 해결사는 그 고객의 불평을 세 시간 가까이 가만히 들어주며, "네, 맞습니다"라는 말로 그의 불만에 동조했습니다.

해결사는 카네기 인간관계 수업 강좌에서 자신의 경험을 공유

했습니다.

"그와 네 번의 면담을 가졌습니다. 마지막 면담이 끝날 때쯤, 저는 그가 설립한 '전화 가입자 보호 협회'의 창립 회원이 되었습니다. 아마도 저와 그 고객 둘만이 그 협회의 회원일 겁니다."

이 문제 해결사는 처음부터 끝까지 그 고객의 말을 잘 들어주었고, 그 결과 고객은 전화 회사를 매우 좋아하게 되었습니다. 첫 면담에서 그는 문제 해결에 대해 단 한마디도 언급하지 않았고, 두 번째, 세 번째 면담에서도 마찬가지였습니다. 그러나 네 번째 면담 때 모든 문제가 해결되었습니다. 그 고객은 청구 요금을 모두 납부했고 전화 회사와 벌이는 법률 분쟁도 자진 철회했습니다.

사실 그 고객은 자신이 중요한 사람이라는 존재감을 느끼고 싶어했습니다. 처음에는 불평과 불만을 통해 자신을 표현했지만, 회사 대표자가 그의 말을 경청하고 존재감을 인정하자, 그의 불만은 자연스레 사라졌습니다. 결국, 상대의 이야기를 잘 들어주고 그의 감정을 존중해 주는 것이 문제 해결의 열쇠가 되었습니다.

경청을 하면 좋은 인상을 줄 수 있다

가난한 네덜란드 이민자 소년이 있었습니다. 그는 주당 50센트를 벌기 위해 방과 후 빵집의 창문을 닦았고, 가난 때문에 마차에서 떨어진 석탄 부스러기를 주워 모으기도 했습니다. 그 소년의 이름은 에드워드 보크였습니다. 그는 평생 동안 학교를 6년도 채 다니지 못했지만, 미국 역사상 가장 성공한 잡지 편집인 중 한 사람이 되었습니다. 그의 성공 비결은 무엇이었을까요? 그 이야기는 길지만, 어떻게 시작했는지 간단히 설명할 수 있습니다. 그의 성공은 여기서 말하는 인간관계의 원칙을 잘 활용한 덕분입니다.

13살에 학교를 그만둔 보크는 주당 6달러 25센트를 받으며 웨스턴 유니언 전신 회사에서 심부름꾼으로 일하기 시작했습니다. 그러나 그는 공부를 포기하지 않았고 스스로 독학을 시작했습니다. 차비와 점심 비용을 아껴 돈을 모아 미국 위인 전집을 샀고 독특한 일을 했습니다. 유명한 인물들의 전기를 읽고 그들에게 어린 시절에 대해 더 알고 싶다고 요청하는 편지를 보낸 것입니다.

보크는 다른 사람의 이야기를 경청하는 데 탁월했습니다. 많은 유명 인사들이 보크에게 자신의 이야기를 들려주었습니다. 당시 대선 후보였던 제임스 A. 가필드 장군에게 어린 시절 운하에서 배를 끌었다는 이야기가 사실인지 물었고, 가필드 장군은 답장을 보내 주었습니다. 북군 사령관이었던 그랜트 장군에게 전투에 대해 질문했더니, 그랜트 장군은 소년을 위해 전투 지도를 그려 보내 주었고 그를 저녁 식사에 초대하기까지 했습니다.

심부름꾼 소년은 이제 미국의 많은 유명 인사들과 서신을 교환하는 사람이 되었습니다. 에머슨, 필립스 브룩스, 헨리 롱펠로, 링컨 부인, 소설가 루이자 메이 올콧, 셔먼 장군, 제퍼슨 데이비스 같은 사람들이 그 주인공이었죠. 나아가 보크는 휴가 때 이들을 방문해서 환영받는 손님이 되기도 했습니다.

이러한 경험은 보크에게 큰 자신감을 주었고 그 유명 인사들은 그의 꿈과 의욕을 불타오르게 했습니다. 보크가 다른 사람의 이야기를 경청하고 진심으로 관심을 기울였기 때문에 가능했던 일이었습니다.

유명인들의 인터뷰 진행자로 잘 알려진 아이작 F. 마커슨은 사람들이 상대의 말을 주의 깊게 듣지 않아서 좋은 인상을 주지 못한다고 말했습니다. 그는 말합니다.

"사람들은 다음에 무슨 질문을 해야 할지 너무 신경 쓰느라 상대방의 이야기를 제대로 듣지 못합니다. 하지만 유명인들은 말 잘하는 사람보다는 잘 들어주는 사람을 더 선호합니다. 세상에는 재능 있는 사람이 많지만, 경청하는 재능을 가진 사람은 매우 드물죠."

미국이 **남북 전쟁**으로 혼란스러웠을 당시의 일입니다. 에이브러햄 링컨 대통령은 일리노이주 스프링필드에 살고 있던 옛 친구에게 편지를

남북 전쟁은 1861년 4월 12일부터 1865년 4월 9일까지 미합중국(북부 연방)과 미연합국(남부 연맹) 사이에서 벌어졌던 전쟁으로, 북부가 승리했다. 전쟁에서 승리한 에이브러햄 링컨 대통령은 1863년 1월 1일 미국 남부 주의 노예를 모두 해방한다는 선언을 발표한다.

보내 상의할 것이 있으니 워싱턴으로 와 달라고 요청했습니다. 친구가 백악관에 도착하자 링컨은 노예 해방 선언을 하는 것이 타당한지에 대해 몇 시간 동안 이야기했습니다. 링컨은 찬반 논의를 검토하고 신문에 실린 기사와 의견을 읽어 주며 자신의 입장을 설명했습니다. 한쪽에서는 노예 해방을 하지 않는다고 비난했고, 다른 쪽에서는 노예 해방을 하겠다는 결정에 대해 비판하고 있었습니다.

몇 시간에 걸친 대화가 끝나고 링컨은 악수를 하고 친구를 돌려보냈습니다. 그는 친구의 의견은 묻지도 않고, 혼자서만 계속 말했습니다. 하지만 그 대화를 통해 마음의 짐을 덜어낸 듯 생각이 정리되었습니다. 친구는 이렇게 말했습니다.

"그렇게 얘기하고 나니, 조금 편안해진 것 같더군."

링컨이 필요로 했던 것은 조언이 아니었습니다. 그는 자신의 마음을 털어놓고, 공감을 얻을 수 있는 누군가가 필요했을 뿐입니다. 많은 사람에게 문제가 생겼을 때 필요한 것은 조언이 아니라, 그들의 이야기를 진심으로 들어주는 사람입니다. 화난 고객이나 불만을 가진 직원, 상처받은 친구도 결국 원하는 것은 누군가가 그들의 말을 들어주고 공감해 주는 것입니다.

사람들이 당신을 피하고 등 뒤에서 비웃거나 심지어 경멸하게 만들고 싶다면 한 가지 방법이 있습니다. 그것은 상대방의 말을 끝까지 듣지 않고, 오직 당신 얘기만 늘어놓는 것입니다.

그러니 여러분 대화를 잘하고 싶다면 상대방의 이야기를 주의 깊게 들어야 합니다. 찰스 노덤 리 여사가 말했듯이 관심을 끌고 싶다면 먼저 관심을 가져야 합니다. 다른 사람이 자신의 경험이나 성과에 대해 이야기하도록 질문을 던지고, 그들이 자신에 대해 말할 기회를 주는 것이 좋습니다.

사람들은 지구 반대편에서 수백만 명이 굶어 죽는 문제보다 자신의 충치를 더 신경 씁니다. 자신과 자신의 문제에 더 큰 관심을 가지는 것이 인간입니다. 그러니 대화를 할 때는 이 사실을 명심하세요. 사람들이 당신을 좋아하게 만들고 싶다면 잘 듣는 사람이 되세요.

그러므로 사람들이 당신을 좋아하게 만들고 싶다면…

비결 4

잘 듣는 사람이 되세요.
상대방이 자신에 대해 말하도록 이끄세요.

5장

사람의 관심을
끄는 방법

상대방의 관심사에 맞춰 이야기하자

오이스터 베이에 있는 백악관 관저로 시어도어 루스벨트를 방문한 사람이라면 누구나 그의 폭넓은 지식에 감탄하곤 했습니다. 루스벨트는 카우보이든, 의용 기병대원이든, 정치가든, 외교관이든 상관없이 각자의 관심사에 맞춰 대화를 나눌 수 있었기 때문이죠. 루스벨트가 어떻게 이런 능력을 가질 수 있었을까요? 비결은 간단합니다. 그는 손님이 방문하기 전날 밤, 그들이 관심을 갖고 있는 분야에 대한 책을 늦게까지 읽었습니다. 그는 사람의 마음을 얻기 위한 지름길이 그들이 가장 소중하게 여기는 것에 대해 이야기하는 것임을 알고 있었습니다.

예일 대학교 교수였던 윌리엄 라이언 펠프스도 어린 나이에 비

10대를 위한 데일 카네기 인간관계론

숫한 교훈을 얻었습니다. 그의 수필 「인간의 본성」에서 그는 여덟 살 때의 경험을 이야기합니다.

그는 리비 린슬리 숙모님 집에서 주말을 보내고 있었습니다. 어느 날 저녁 중년의 남성이 방문해 숙모님과 약간의 논쟁을 벌였습니다. 대화가 끝난 뒤, 그 남성은 펠프스에게 말을 걸었고, 당시 보트에 관심이 많았던 펠프스는 그와 신나게 보트 이야기를 나누었습니다. 펠프스는 그 남성이 멋있고, 보트에 대한 관심이 대단하다고 숙모님에게 이야기했습니다. 하지만, 숙모님은 그 남성은 변호사로 보트에 대해 아는 것도 없고 관심도 없다고 말해 주었습니다.

펠프스가 왜 그 남성이 보트 이야기를 했냐고 묻자 숙모님은 "그분이 신사라서 그래. 너를 즐겁게 하고, 편안하게 느끼게 해 주기 위해 너의 관심사에 맞춰 이야기해 준 거란다"라고 말했습니다. 펠프스는 이 교훈을 결코 잊을 수 없었다고 덧붙였습니다.

먼저 관심을 가져야 관심을 받을 수 있다

보이스카우트에서 활약하는 에드워드 L. 찰리프는 도움을 청하기 위해 한 대기업 사장을 만나러 갔습니다. 하지만 그는 처음부터 자신의 요청을 이야기하지 않고, 먼저 그 사장이 관심을 가질

103

만한 주제로 대화를 시작했습니다.

찰리프는 어디선가 사장이 100만 달러짜리 수표를 끊었고, 그 수표가 취소되어 액자에 끼워져 있다는 이야기를 들었습니다. 그래서 그를 만나자마자 그 취소된 수표를 보고 싶다고 요청합니다. 그러자 사장은 100만 달러짜리 수표를 어떻게 끊게 되었는지, 무슨 일이 있었는지 자세히 이야기해 주었습니다. 이는 상대방의 마음을 여는 매우 효과적인 방법이었습니다.

그 대화 이후, 사장은 찰리프에게 무슨 일로 찾아왔는지 물었고, 찰리프는 유럽에서 열릴 보이스카우트 잼버리 대회에 단원 한 명의 여행 경비를 후원해 달라고 부탁했습니다. 그 말을 들은 사장은 단순히 한 명의 단원 경비만이 아니라, 다섯 명의 단원과 찰리프 본인까지도 유럽에 보내 주었습니다. 더 나아가 유럽에서 편의를 제공하도록 지시하고, 파리까지 와서 직접 시내를 구경시켜 주었으며, 그 뒤로도 계속 보이스카우트 단원들을 도왔습니다. 만약 찰리프가 처음부터 자신의 요구사항만 이야기했다면 이렇게 좋은 결과를 얻기 어려웠을 것입니다.

사람들의 마음을 얻는 방법은 사업에서도 큰 힘을 발휘할 수 있어요. 뉴욕 최고의 제빵 회사 중 하나인 뒤버노이 앤 선즈의 대표인 헨리 G. 뒤버노이의 사례를 보면 알 수 있습니다. 뒤버노이는 뉴욕의 한 호텔에 자신의 빵을 공급하기 위해 4년 동안 매주 담당

104

자를 찾아가고, 친목 행사에도 참여하며 노력했지만 계속해서 실패를 겪었습니다.

인간관계에 대한 새로운 전략을 배운 뒤버노이는 자신의 접근 방식을 바꾸기로 결심했습니다. 그는 호텔 담당자가 '미국 호텔인 협회'라는 단체에 깊은 열정을 가지고 있음을 알게 되었습니다. 뒤버노이가 다음에 담당자를 만났을 때, 그는 빵에 대한 이야기는 하지 않고 오직 협회에 대해서만 대화를 나눴습니다. 담당자는 매우 흥분하며 30분 이상이나 협회에 대해 이야기했습니다. 협회 활동이 담당자에게는 평생의 열정을 쏟는 일이었던 것입니다.

며칠 뒤, 호텔 측에서 빵 샘플과 가격을 요청해 왔고, 결국 계약이 성사되었습니다. 호텔 직원은 이렇게 물었어요.

"우리 사장님에게 뭘 어떻게 하신 건가요? 아주 확실히 당신에게 넘어간 모양입니다."

뒤버노이는 상대방의 관심사에 집중하는 것이 성공의 열쇠라는 사실을 깨달았습니다. 그는 자신이 4년 동안 노력했지만 실패한 이유가 상대방의 관심사를 제대로 파악하지 못했기 때문이라는 사실을 인정했습니다.

그러므로 사람들이 당신을 좋아하게 하려면…

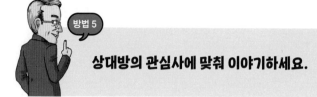

방법 5

상대방의 관심사에 맞춰 이야기하세요.

사람들을 단번에
사로잡는 방법

언제나 상대방이 존중받는다고 느끼게 하라

어느 날 저는 우체국에서 편지를 부치려고 줄을 서고 있었습니다. 그때, 우체국 직원이 자신의 일을 지루해하는 모습이 눈에 들어왔죠. 편지 무게를 재고, 우표를 내주고, 잔돈을 거슬러 주는 일을 매일 반복하는 그의 표정은 무기력해 보였어요.

문득 저는 '저 사람을 기분 좋게 해 줄 수 없을까?'라는 생각을 했어요. 그런데 낯선 사람을 칭찬하는 건 어려운 일이잖아요? 다행히 이번에는 금방 칭찬거리를 찾았어요. 그 직원의 머리카락이 멋져 보였거든요. 그래서 진심을 담아 "저도 당신처럼 멋진 머리카락을 가졌으면 좋겠어요"라고 말했죠.

그는 약간 놀란 표정이었지만 곧 미소를 지으며 "예전만큼 멋지진 않지만 그래도 고마워요"라고 겸손하게 대답했어요. 저는 "예전보다 덜해도 여전히 멋져요"라고 덧붙였고, 그 순간 그의 얼굴에는 환한 미소가 가득했습니다. 그리고 우리는 짧은 대화를 나눴어요. 마지막에 그는 "사실 제 머리를 멋지다고 말해 주는 사람들이 많아요"라고 말했죠.

장담하건데, 그 직원은 하늘을 나는 기분으로 점심을 먹으러 갔을 것입니다. 퇴근 뒤에는 집에 가서 가족에게 이 이야기를 하며 기분 좋게 웃었을 거예요.

언젠가 제가 강연에서 이 이야기를 했을 때, 한 사람이 이렇게 물었어요.

"그 사람에게서 뭘 얻으려고 했나요?"

하지만 그때 저는 아무것도 바라지 않았어요. 그저 그가 기분이 좋아지길 바랐을 뿐이죠.

우리 모두 때로는 솔직한 칭찬을 통해 누군가에게 작은 행복을 선물할 수 있어요. 그런 순간들이 쌓이면, 그 기쁨은 우리가 생각하는 것보다 오래 남아 있고, 우리 자신에게도 큰 보람을 느끼게 해 줍니다.

사람의 행동에 있어서 영원히 변하지 않는 중요한 법칙이 하나 있습니다. 이 법칙을 지키면 삶에서 큰 문제가 생기지 않을 뿐만 아니라, 많은 친구를 얻고 오래도록 행복하게 살 수 있습니다. 반

108

면, 이 법칙을 어기는 순간부터는 계속해서 문제에 부딪히게 될 것입니다. 그 법칙은 바로 '언제나 상대방이 존중받는다고 느끼게 하라'입니다.

존 듀이 교수는 '인정받고 싶은 욕구'가 인간 본성에서 가장 깊은 동기라고 말했으며, 윌리엄 제임스 교수도 '인간 본성에서 가장 깊은 원칙은 인정받고자 하는 욕구'라고 했습니다. 이 욕구는 인간을 동물과 구분 짓는 요소이자, 인류가 문명을 발전시키게 만든 원동력입니다.

사실, 이 원칙은 새로 나온 것이 아닙니다. 수천 년 동안 철학자들이 인간관계를 연구한 끝에 발견한 진리이지요. 약 3,000년 전, 조로아스터교는 페르시아에서 그 신도들에게 이 원칙을 가르쳤고, 2,500년 전에는 공자가 중국에서 이를 설파했습니다. 노자는 『도덕경』에서 이 원칙을 전했고, 석가모니도 갠지스강 근처에서 이 원칙을 전파했습니다. 심지어 예수도 20세기 전에 유대에서 이 원칙을 가르쳤습니다.

예수는 이 원칙을 하나의 문장으로 요약했습니다.

"남에게 대접받고 싶은 대로 남을 대접하라."

우리는 모두 주변 사람에게 인정받기를 원합니다. 당신도, 나도, 우리 모두 진심 어린 칭찬을 듣고자 하고, 자신이 중요한 존재임을 느끼고 싶어 합니다. 우리는 친구나 동료가 우리의 진가를 알

109

아주고, 찰스 슈워브의 표현처럼 진심으로 인정하고 아낌없이 칭찬해 주기를 바랍니다. 그렇다면 우리가 원하는 대로 다른 사람에게도 똑같이 베풀어야 하지 않을까요?

어떻게 하면 될까요? 언제, 어디서 그럴 수 있을까요? 답은 간단합니다. 언제나, 어디서나 진심으로 칭찬하고 인정해 주는 것입니다.

저는 라디오시티 빌딩의 안내 직원에게 헨리 서베인의 사무실 위치를 물어본 적이 있습니다. 그 직원은 단정한 유니폼을 입고 있었고, 자신의 안내 방식에 자부심을 느끼고 있는 것 같았습니다. 그는 분명하고 또렷하게 말했습니다.

"헨리 서베인 씨는… (잠깐 멈추고) 18층… (잠시 멈추고) 1816호입니다."

저는 서둘러 엘리베이터 쪽으로 가다가 다시 돌아와 말했습니다.

"당신의 안내 방식이 정말 훌륭하네요. 매우 깔끔하고 분명했어요. 이렇게 예술적인 수준의 대답을 듣기란 쉽지 않아요."

그는 기쁨에 차서 왜 중간에 잠깐씩 멈추고 각 부분을 그렇게 말하는지 설명해 주었습니다. 제가 건넨 몇 마디가 그를 기쁘게 만든 것입니다. 18층으로 올라가면서 저는 그날 오후, 인류 행복에 조금이나마 기여한 듯한 기분이 들었습니다.

칭찬의 힘은 우리가 일상에서 쉽게 활용할 수 있는 강력한 도구

110

입니다. 일상 속에서도 작은 칭찬을 통해 큰 변화를 만들어 낼 수 있습니다. 예를 들어, 식당에서 주문한 감자튀김이 으깬 감자로 잘못 나왔다고 생각해 봅시다. 이때 "번거롭게 해서 죄송하지만, 저는 감자튀김을 주문한 것 같아요"라고 말한다면, 종업원도 기꺼이 음식을 바꿔 줄 것입니다. 여러분이 상대방을 존중하는 태도를 보였기 때문에 그도 존중받았다는 느낌을 받는 것이죠.

사소하지만 예의 바른 말, "죄송하지만" "번거롭게 해서 미안합니다." "이렇게 해 주실 수 있을까요?"와 같은 말들은 사람과 사람 사이의 관계를 더 부드럽고 따뜻하게 만들어 줍니다. 그리고 이는 단순한 배려를 넘어서, 상대방을 존중하고 인정하는 태도를 보여 줍니다.

문학 세계에서도 마찬가지입니다. 『크리스천』, 『재판관』, 『맨 섬의 사람들』을 쓴 유명 작가 홀 케인은 대장장이의 아들이었습니다. 그는 학교 교육을 8년밖에 받지 않았지만 작가로서 큰 성공을 거두었습니다. 그의 성공의 시작은 찬사를 보내는 데 있었습니다. 그는 단테 가브리엘 로세티의 시를 좋아해 그 시를 칭찬하는 글을 썼습니다. 로세티는 이 글에 감동했고, 대장장이의 아들 케인을 자신의 비서로 삼았습니다. 이것이 케인의 인생을 바꾼 큰 전환점이 되었습니다.

이렇듯 진심 어린 칭찬은 사람의 마음을 움직이고, 때로는 인생을 바꿀 만큼 큰 영향을 미칩니다. 칭찬은 상대방을 중요하게 느끼게 만들고, 우리는 모두 자신이 중요한 존재로 인정받고 싶어 합니다.

R 씨는 카네기 인간관계 수업에서 배운 칭찬의 법칙을 실생활에 적용해 보기로 결심했습니다. 그가 롱아일랜드에 있는 처가 식구를 방문했을 때, 아내는 그를 숙모와 남겨두고 사촌들을 만나러 나갔습니다. 혼자 남은 R 씨는 강의에서 배운 내용을 떠올리며, 숙모에게 진심 어린 칭찬을 해 보기로 했습니다.

그는 숙모의 집을 둘러보며 칭찬할 만한 것을 찾았습니다. 그러다 집이 꽤 오래된 것 같다는 생각에 이렇게 물었습니다.

"숙모님, 이 집은 1890년에 지어진 것 같네요. 맞나요?"

숙모는 놀라면서도 기뻐하며 대답했습니다.

"그렇지! 딱 그해에 지어졌지."

R 씨는 계속해서 집의 아름다움과 견고함을 칭찬하며, 요즘 시대에는 이런 집을 찾기 어렵다고 이야기했습니다. 숙모는 R 씨가 자신의 집과 추억을 소중히 여긴다고 느꼈고, 점점 많은 이야기를 나누었습니다. 그녀는 남편과 함께 이 집을 지으면서 꿈꾸던 시간을 떠올리며 감격스러워했습니다. 그리고 집 안에 있는 평생 모아 온 보물들을 하나하나 보여 주기 시작했습니다.

페이즐리 숄, 영국 전통 찻잔 세트, 영국의 웨지우드 도자기, 프랑스식 침대와 의자, 한때 프랑스 성을 장식했던 실크 커튼까지 하나하나의 물건마다 특별한 이야기가 담겨 있었습니다. R 씨는 이 모든 것에 감탄하며 진심 어린 칭찬을 아끼지 않았습니다. 이런 그의 태도에 숙모는 매우 기뻐하며, 오랜 시간 동안 간직해온 소중한 물건들을 그와 함께 나누며 즐거운 시간을 보냈습니다.

R 씨는 숙모가 패키드 차량을 선물로 준다는 말을 듣고 당황했지만, 선물을 거절할 수는 없었습니다. 숙모는 남편이 사망 직전에 구입한 이 차를 매우 소중하게 여겼고 그것을 다른 가족이 아닌 R 씨에게 주고 싶어 했습니다. R 씨는 피가 섞인 친척도 아니고 새 차도 이미 가지고 있다는 이유로 거절하려 했지만 숙모는 강하게 반대했습니다.

숙모는 "이 차를 원하는 다른 친척들은 내가 빨리 죽기만을 기다리고 있다"며 그들에게 차를 물려줄 수 없다고 단호하게 말했습니다. 게다가 차를 팔아서 생판 모르는 사람에게 넘기는 일은 상상조차 할 수 없었기에 오직 진심으로 이 차의 가치를 알아보고 칭찬할 줄 아는 R 씨에게 주고 싶다고 강조했습니다.

R 씨는 더는 숙모의 뜻을 거스르지 않고 그녀의 깊은 마음을 존중하기로 했습니다.

그 나이 든 숙모는 오랜 세월 동안 자신이 사랑으로 꾸민 집에서 외로움을 느끼며 지내고 있었습니다. 그녀는 젊고 아름다웠을

113

때 많은 사람에게 사랑받았고, 남편과 함께 큰 꿈을 꾸며 집을 꾸몄습니다. 유럽 전역에서 모아 온 귀한 물건들로 가득한 그 집은 그녀의 자랑이었지만, 시간이 흘러 혼자가 된 그녀는 더는 관심을 받지 못한 채 조용히 지내고 있었습니다.

그녀가 진정으로 바랐던 것은 그저 누군가가 작은 관심을 주고, 그녀의 노력과 아름다운 추억을 인정해 주는 것이었습니다. 그런 마음을 알아본 R 씨는 그녀의 집과 소중한 물건들에 진심 어린 칭찬을 건넸고, 그 작은 관심은 그녀에게 사막의 샘물처럼 큰 위안이 되었습니다. 그래서 숙모는 감사의 표시로 패키드 차를 선물하게 되었고, 그 선물은 그저 물질적인 가치가 아니라 그녀의 마음을 담은 특별한 선물이었습니다.

코닥의 창립자 조지 이스트만은 수많은 성공을 이루었지만 그 역시 인정받고자 하는 욕구를 가지고 있었습니다.

제임스 애덤슨은 이스트만의 음악학교와 킬번 홀 연주회장에 의자를 납품하기 위해 이스트만을 만나러 갔습니다. 건축가로부터 "이번 계약을 꼭 성사시키고 싶으시다면 이스트만 회장의 시간을 5분 이상 빼앗으면 안 됩니다. 아주 바쁘고 엄격한 분이거든요"라는 경고를 들었지만, 애덤슨은 이스트만에게 접근하는 방식에서 칭찬과 진심을 활용했습니다.

애덤슨은 이스트만의 사무실을 칭찬하며 대화를 시작했습니다.

"사무실이 참 아름답다"는 말을 듣고, 이스트만은 자기도 모르게 잊고 지냈던 자기 사무실의 아름다움에 대해 다시 생각하게 되었습니다. 대화는 자연스럽게 이어졌습니다. 애덤슨은 사무실에 있는 떡갈나무 판재에 대해 이야기하며, 그 목재의 종류와 출처에 대해 이스트만에게 물었습니다.

애덤슨은 이스트만의 반응을 보고 대화를 이어 갔습니다. 그는 이스트만이 자신이 좋아하는 목재에 대해 관심을 보이는 것을 알아차리고, 목재에 대한 전문적인 지식을 바탕으로 깊이 있는 대화를 나누기 시작했습니다.

애덤슨이 말했습니다.

"정말 고급 목재네요.이런 떡갈나무는 가구나 건축 자재로서도 아주 탁월한 선택입니다. 특히 이곳 사무실처럼 고급스러운 공간에 딱 어울립니다."

이스트만은 그 말을 듣고 미소를 지으며 대답했습니다.

"맞습니다. 제가 처음 이 사무실을 설계할 때부터 최고급 목재를 사용하고 싶었죠. 덕분에 이곳에 있을 때마다 나름의 자부심을 느끼곤 합니다. 하지만 요즘은 업무가 바빠져서 이런 디테일에 신경을 쓸 여유가 없네요."

"회장님의 눈에 띄는 세심한 배려가 이곳 분위기를 한층 높여 주는 것 같습니다. 이런 디테일이야말로 실내 장식에서 가장 중요

115

한 요소 중 하나죠."

이스트만은 애덤슨에게 자신의 사무실뿐만 아니라 그가 중요하게 여기는 인류 구제를 위한 계획들에 대해 차분하게 이야기하기 시작했습니다. 로체스터 대학, 종합병원, 동종요법 병원, 양로원, 소아병원 등 다양한 사회 공헌 프로젝트를 구상하고 있다는 그의 말은 애덤슨에게 깊은 인상을 남겼습니다. 이스트만은 자신의 재산을 단순한 개인의 이익을 위해서가 아니라, 인류의 고통을 줄이기 위한 도구로 사용하고 싶어 했던 것입니다.

애덤슨은 이스트만의 이러한 이상적인 태도에 진심으로 감탄하며 경의를 표했습니다. 그는 이스트만의 높은 이상을 존중하고, 그가 꿈꾸는 사회적 기여에 대해 칭찬을 아끼지 않았습니다.

그 순간, 이스트만은 유리 상자를 열어 그가 처음으로 손에 넣었던 카메라를 보여 주었습니다. 그것은 어느 영국인으로부터 산 발명품이었고, 이스트만에게는 매우 특별한 의미가 있는 물건이었습니다. 그는 그 카메라를 통해 자신의 사업이 어떻게 시작되었는지, 그리고 그 카메라가 그에게 어떤 영감을 주었는지에 대해 이야기했습니다.

애덤슨은 이스트만에게 사업 초창기에 겪은 어려움에 대해 묻자, 이스트만은 자신의 가난했던 유년 시절 이야기를 시작했습니다. 이스트만은 일당 50센트를 받으며 보험회사에서 일했고, 그의 어머니는 하숙집을 꾸리며 생계를 유지했습니다. 하지만 그들은 여전히 가난의 그늘 속에서 살았고, 이스트만은 어머니가 더는 고생하지 않게 하기 위해 많은 돈을 벌기로 결심했다는 이야기도 들려주었습니다.

애덤슨은 이스트만의 이야기에 깊이 빠져들며 여러 질문을 던졌고, 이스트만은 자신이 사전 건판 실험을 했던 일화를 들려주었습니다. 그는 실험을 밤낮으로 계속하면서 때로는 72시간 동안 옷을 갈아입지도 못한 채 실험하고 잠들기를 반복했다고 했습니다. 이스트만의 헌신과 열정을 담은 이야기는 애덤슨에게 깊은 인상을 남겼습니다.

처음에는 5분 내로 이스트만과의 만남을 끝내라는 주의를 받았지만, 그들의 대화는 시간이 지날수록 길어졌고, 결국 두 사람은 1시간, 2시간을 넘겨 계속 이야기를 나누게 되었습니다.

대화 도중 이스트만은 애덤슨에게 최근 일본에서 구입한 의자에 대한 이야기를 꺼냈습니다. 그는 이 의자들을 자신의 집 베란다에 두었는데, 햇빛 때문에 페인트가 벗겨졌다고 말했습니다. 그래서 직접 시내에서 페인트를 사와 페인트칠을 했다는 사실을 자랑스러워하며, 애덤슨에게 그 의자를 보여 주고 싶다고 했습니다.

점심 식사 뒤, 이스트만은 애덤슨에게 그 의자들을 자랑스럽게 보여 주었습니다. 비록 개당 1달러 50센트밖에 하지 않는 의자였지만, 이스트만은 직접 페인트칠을 했다는 점에서 큰 자부심을 느끼고 있었습니다.

드디어 계약이 성사되었습니다. 연주회장 의자 주문액은 9만 달러에 달했고, 이 계약을 따낸 사람은 제임스 애덤슨이었습니다. 그날 이후 이스트만과 애덤슨은 절친한 친구가 되었으며, 이스트만이 세상을 떠날 때까지 그 우정은 계속되었습니다.

그렇습니다. 사람들은 누구나 자신에게 관심을 가져 주고, 자신의 이야기에 귀를 기울여 주는 상대방에게 매력을 느끼는 법입니다.

여러분은 지금까지 이 책을 충분히 읽었습니다. 이제 책을 덮고 당장 가까운 가족이나 친구에게 이 책에서 배운 인정과 칭찬의 법칙을 적용해 보세요. 그리고 어떤 마법 같은 효과가 생기는지 지켜보세요.

비결 6

**상대방이 인정받고 있음을 느끼게 하세요.
그리고 진심으로 인정하세요.**

호감 가는 사람이 되는 6가지 방법

1. 다른 사람에게 진심으로 관심을 가져라.

2. 웃어라.

3. 상대방의 이름을 기억하라.

4. 잘 듣는 사람이 되어라.

5. 상대방의 관심사에 맞춰 이야기하라.

6. 상대방이 인정받고 있음을 느끼게 하라.

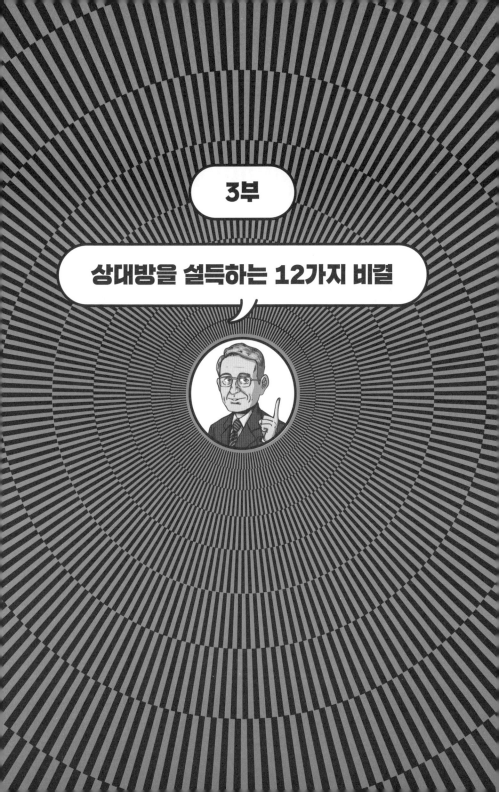

3부

상대방을 설득하는 12가지 비결

1장

논쟁을 피하라

누구도 논쟁을 이길 수 없다

로스 스미스 경은 제1차 세계대전 당시 팔레스타인에서 활약한 비행 조종사였습니다. 저는 그의 매니저로 일하고 있었어요. 전쟁이 끝난 뒤 그는 지구 반 바퀴를 30일 만에 비행하며 큰 주목을 받았습니다. 어느 날 저녁 나는 로스 경을 위해 열린 연회에 참석했습니다. 거기에서 큰 교훈을 얻었지요.

저녁 식사 중 내 옆에 앉은 남자가 "일을 벌이는 것은 인간이지만 그 일을 결정짓는 것은 신이다"라는 말을 인용하며 재미있게 이야기를 나누고 있었습니다. 그는 이 말이 성경에 나온 것이라고 했지만 나는 그가 틀렸다는 사실을 알고 있었습니다. 이 말은 사실 셰익스피어의 작품에 나오는 구절이었거든요. 나는 그 사실을

123

정확히 알고 있었기에 그의 잘못을 지적하고 싶었습니다. 그래서 그가 틀렸다고 말했지만, 그는 자신의 주장을 굽히지 않았습니다.

"뭐라고요? 그게 셰익스피어의 작품에 나온다고요? 말도 안 돼요! 그건 분명히 성경에 나오는 말입니다."

내 오른쪽에는 그 재담꾼이, 왼쪽에는 내 오랜 친구 프랭크 가몬드가 앉아 있었습니다. 프랭크는 셰익스피어 연구에 오랜 시간 매진한 전문가였기에 우리는 그의 의견을 묻기로 했습니다. 놀랍게도 프랭크는 "카네기, 자네가 틀렸네. 저분 말씀이 맞아. 그 구절은 성경에 나온 것이라네"라며 오히려 그 재담꾼 편을 들어주었습니다.

집에 돌아오는 길에 나는 그에게 물었습니다.

"프랭크, 자네도 그 말이 셰익스피어의 작품에서 나온다는 사실을 알고 있지 않나?"

그는 웃으며 대답했습니다.

"물론이지. 그건 『햄릿』 5막 2장에 나오는 말이야. 하지만 우리는 좋은 자리에 초대받은 손님이 아닌가. 굳이 그 사람의 실수를 지적해서 그 사람을 언짢게 할 이유가 있을까? 그 사람의 체면을 살려 주는 편이 더 낫지 않겠나? 자네 의견을 물어본 것도 아니고, 듣고 싶어 하지도 않았던 것 같은데 말이야. 논쟁은 될 수 있으면 피하는 게 좋아."

프랭크의 말은 저에게 깊은 깨달음을 주었습니다. 당신이 논쟁에서 이긴다고 해도, 상대방의 자존심을 상하게 하고 불쾌감을 주기 때문에 결과적으로는 이긴 게 아닙니다. 날카로운 대립을 피하고 상대방의 자존심을 지켜 주는 일이 얼마나 중요한지를 배웠습니다. 프랭크는 떠나고 없지만 그의 가르침은 지금도 내 마음속에 살아 있습니다.

저는 어릴 때부터 형과 끊임없이 논쟁을 벌였고 대학에서도 토론을 즐겼습니다. 미주리 출신답게 토론에서 이기는 것에 자부심을 느꼈고 논리적으로 상대방을 이기는 일이 중요하다고 생각했습니다. 하지만 시간이 지나면서, 그리고 그날 프랭크의 충고를 들은 뒤 나는 논쟁에서 아무리 이겨도 결국 아무런 의미가 없다는 사실을 깨닫게 되었습니다.

여러분, 세상에서 논쟁을 이기는 유일한 방법은 논쟁을 피하는 것입니다. 소모적 논쟁을 피함으로써 상대방과의 관계를 지키고, 불필요한 감정적 갈등을 방지할 수 있습니다. 이기는 것보다는 상대방을 존중하고 서로의 의견을 이해하는 것이 더 가치 있는 행동임을 깨달았습니다.

당장 논쟁에서 이기면 여러분의 기분이 좀 나아질지 몰라도, 상대방은 기분이 좋지 않을 것입니다. 여러분에게 열등감만 느끼고 자존심이 상해 분하게 여길 것입니다. 자신의 의지와 달리 승복한 사람은 여전히 자신의 생각을 바꾸지 않는 법입니다.

옳고 그름은 상대방의 마음을 바꾸는 데 중요하지 않다

패트릭 J. 오헤어 씨의 이야기를 해 볼까 합니다. 그는 굉장히 호전적인 성격의 아일랜드계 트럭 판매원이었습니다. 제 강좌를 들으러 온 오헤어는 논쟁을 굉장히 좋아했습니다. 그는 자기가 판매하려는 트럭에 대해 고객이 조금만 안 좋은 이야기를 하면 화를 내고 논쟁을 벌였습니다. 비록 고객과의 논쟁에서 이겼다고 할지라도, 그것이 트럭 판매로 이어지는 것은 아니었습니다. 오히려 단 그는 한 대의 트럭도 팔지 못했습니다.

그랬던 오헤어는 자신의 판매 방식을 완전히 바꾸게 되었고, 뉴욕의 화이트 모터사에서 최우수 판매 사원이 되었습니다. 그가 성공한 비결은 바로 논쟁을 피하고 상대방의 의견에 동의하면서 대화를 부드럽게 이끄는 방법이었습니다.

오헤어는 고객이 A사의 트럭을 칭찬하거나 화이트 트럭을 비판할 때 더는 반박하거나 논쟁하지 않았습니다. 대신, 그는 "맞아요, 고객님. A사의 트럭도 훌륭한 선택입니다. 회사도 좋고 판매원들도 훌륭합니다. 고객님께서 선택하시면 후회하지 않으실 겁니다"라는 식으로 상대방의 의견에 동의했습니다. 이렇게 고객의 말을 인정하면서 대화를 이어 가면, 고객은 더는 A사를 지지하는 말을 할 이유가 없어집니다. 그러면 오헤어는 자연스럽게 화이트 트럭의 장점을 설명하고 고객을 설득할 수 있게 되지요.

오헤어는 이 방법을 통해 논쟁이 아닌 상호 존중과 긍정적인 대화가 얼마나 효과적인지를 깨달았고, 결국 많은 트럭을 성공적으로 판매하게 되었습니다.

벤저민 프랭클린은 이렇게 말했습니다.

"논쟁하고 반박한다면 이길 때도 있을 것이다. 하지만 상대방의 호의는 결코 얻지 못하므로 그 승리는 공허할 뿐이다."

승리를 위해 상대방을 반박하고 괴롭히는 행위는 일시적인 승리일 뿐 장기적으로는 관계를 해치고 신뢰를 잃을 수 있습니다. 따라서 우리는 상대방의 입장에 공감하고, 관계를 존중하는 태도를 취해야 합니다.

우드로 윌슨이 대통령이던 시절 재무부 장관이었던 윌리엄 G. 매카두 역시 "무식한 사람을 논쟁으로 이기는 것은 불가능하다"는 점을 지적한 바 있습니다. 이는 지능이나 지식의 부족을 의미하는 것이 아니라, 논쟁 자체가 사람들의 마음을 움직이지 못한다는 본질적인 문제를 말하는 것입니다. 논쟁에서 이긴다고 해서 상대방이 생각을 바꾸지는 않으며 오히려 반발심을 키우는 경우가 더 많습니다.

상대방이 논쟁에서 이기게 하자

소득세 상담원인 프레드릭 S. 파슨스는 정부의 세무 사정관과 1시간가량 논쟁을 벌였습니다. 9,000달러라는 큰돈이 걸려 있는 문제였습니다. 파슨스는 이 돈이 회수가 불가능한 악성 채권이기 때문에 세금 징수가 불가능하다고 주장했습니다. 하지만 세금 조사관은 그 돈도 과세 대상이라며 밀어붙였습니다. 파슨스가 아무리 논리적이고 합리적인 이유를 제시해도 상대방의 고집과 거만함을 꺾을 수 없었습니다. 그는 방법을 바꾸기로 했습니다. 논쟁을 멈추고 상대방의 전문성과 경험을 인정하고 칭찬하기로 한 것입니다.

"선생님이 다루셔야 할 중요한 업무가 많으실 텐데 이건 아주 작은 문제라고 생각합니다. 저도 세금을 공부했지만 책으로만 배웠습니다. 하지만 선생님께서는 현장에서 경험하셨을 테지요. 선생님께 조언을 구하고 싶습니다."

그러자 세무 조사관은 자세를 고쳐 앉았습니다. 그러곤 자신이 적발한 교묘한 부정행위 등 여러 이야기를 들려주었고, 이 사안에 대해 며칠 안으로 결론을 내리겠다고 말했습니다. 그로부터 3일 뒤 파슨스에게 전화 한 그는, 파슨스가 신고한 대로 세금 환급을 진행하기로 했습니다.

맞습니다. 세금 사정관의 행동은 인간이 가진 자존감과 인정받고 싶은 욕구를 잘 보여 줍니다. 논쟁 중일 때, 그는 자신의 권위와 자존심을 지키기 위해 완고하게 굴었지만, 파슨스가 그의 중요성을 인정해 주자 태도가 완전히 달라졌습니다. 결국 파슨스는 논쟁이 아니라 존중과 공감을 통해 상대방의 마음을 얻어 냈고, 그로 인해 문제를 해결할 수 있었습니다.

사람들은 자신의 의견이 무시당하거나 도전받을 때 더 강하게 반응하지만, 그들의 자존감을 존중하고 인정해 주면 그들은 더 협조적이고 긍정적인 반응을 보이게 됩니다.

즉, 상대방을 존중하고 인정하는 행위가 사람들과의 관계에서 가장 중요한 열쇠임을 보여 주는 사례라고 할 수 있습니다.

나폴레옹의 집사장 앙리 B. 콩스탕은 종종 나폴레옹의 부인 조세핀과 당구를 쳤습니다. 사실 콩스탕의 실력이 조세핀보다 더 나았지만, 그는 늘 승리를 양보했습니다. 그것이 조세핀을 기쁘게 했기 때문입니다. 이는 단순한 배려를 넘어 상대방에게 기쁨과 만족을 주기 위한 노력이었죠.

여러분도 누군가와 논쟁하게 된다면 상대방이 이기도록 해 주세요. 부처님도 "미움은 결코 미움으로 해결되지 않는다. 사랑만이 미움을 잠재운다"라고 말씀하셨습니다.

상대방의 마음을 헤아리고, 승리를 얻기보다 관계를 중요하게 여기는 태도가 중요합니다.

비결 1
논쟁에서 이기는 유일한 방법은 그것을 피하는 것입니다.

적을 만들지 않는
확실한 방법

내가 틀릴 수도 있다고 인정하자

시어도어 루스벨트는 자신이 옳다고 생각하는 부분의 75% 정도만 확신할 수 있다고 말했습니다. 그는 자신이 가진 권위와 지식에도 불구하고, 완벽한 확신은 불가능하다는 사실을 인지하고 있었습니다. 이는 우리 역시 일상에서 자신의 생각이 틀릴 수 있다고 인정하고, 상대방의 의견을 존중할 필요가 있음을 의미합니다.

"잘 들어 봐. 네가 왜 틀렸는지 가르쳐 줄게" 같은 말로 자신이 틀렸다고 지적받는 것을 좋아할 사람은 아무도 없습니다. 굳이 말로 하지 않더라도 표정, 억양, 제스처로 전달하면 상대가 더욱 불쾌해지기 쉽습니다. 논리적으로 아무리 옳은 주장을 하더라도, 상대방의 자존심을 건드리면 그 사람은 방어적으로 나오고, 의견을 굽히기보다는 자신의 입장을 더 고수하게 됩니다.

플라톤이나 칸트 같은 철학자들의 논리도 사람의 감정적 반발을 이겨 내기는 어렵습니다. "당신이 틀렸다"라는 식의 접근은 상대방을 공격하는 것으로 받아들여질 수 있습니다. 그보다는 "이런 점에 대해 어떻게 생각하십니까?"와 같은 부드러운 대화 방식을 통해 상대방을 설득하는 편이 훨씬 효과적입니다.

결국, 논쟁을 시작하기 전에 상대방의 입장을 먼저 이해하고, 그들이 반감을 갖지 않도록 하는 것이 중요합니다. 루스벨트의 깨달음처럼, 우리 역시 항상 옳을 수 없음을 인식하고, 타인의 의견을 열린 마음으로 받아들이는 자세가 필요합니다.

영국의 시인이자 비평가인 알렉산더 포프는 "마치 가르치지 않은 것처럼 가르치고, 상대가 이미 알고 있는 것처럼 알려 주어라"고 조언합니다. 또한 영국의 외교관이자 정치가였던 필립 체스터필드는 아들에게 이렇게 충고했습니다.

"할 수 있다면 다른 사람보다 현명해져라. 그러나 그것을 말하지는 말아라."

이런 조언은 상대방에게 자신의 지혜를 과시하지 말라는 충고입니다. 이는 상대방이 기분 나쁘지 않게 받아들이도록 배려하는 중요한 사회적 기술이기도 합니다.

이러한 접근 방식은 소크라테스의 겸손함에서 기인합니다. 그는 제자들에게 항상 "나는 아무것도 알지 못한다"라는 말을 반복하며, 자신의 지혜를 남에게 강요하지 않았습니다. 이는 다른 사람들의 의견에 열려 있고, 상대방을 존중하는 태도를 유지하는 방법입니다.

결국, 상대의 생각이 틀렸다는 점을 직접 지적하기보다는 부드럽고 자연스럽게, 상대방이 스스로 답을 찾도록 돕는 것이 더 효과적이라는 말입니다. 이는 타인의 마음을 얻고, 진정한 설득력을 발휘하는 데 중요한 기술입니다.

과학적 사고의 핵심은 열린 마음과 사실에 대한 탐구입니다. 상대방이 틀렸다고 느껴도, 공격적으로 지적하는 대신, "내가 틀릴 수도 있다"와 같은 겸손한 태도로 대화를 시작하면 상대방도 방어적인 자세를 덜 취하게 됩니다. 이 방법은 대화를 협력적이고 건설적으로 만들어 주며, 서로의 관점을 존중하면서도 사실을 함께 검토할 수 있는 환경을 제공합니다. 이처럼 겸손하고 협력적인 태도는 어떤 대화에서도 상대방의 마음을 여는 데 중요한 역할을 합니다.

우리는 대부분 자신이 믿고 있는 것에 대해 강한 애착을 가지고 있습니다. 자신의 신념이나 의견이 도전받으면, 그것이 사실이든 아니든 상관없이 방어적인 태도를 취하게 됩니다. 이는 단순한 사실의 문제를 넘어, 우리의 자존감과 자아를 보호하려는 본능적인 반응입니다. '내 것'이라는 생각이 강하게 작용하는 것은 사소한 개인적 문제부터 시작해 종교나 국가 같은 큰 문제에 이르기까지 일관되게 나타나는 현상입니다.

예를 들어, 우리가 시계가 정확하지 않다는 지적을 받을 때도 불쾌함을 느끼고, 더 나아가 우리가 믿고 있던 역사적 사실이나 과학적 지식이 틀렸다는 지적을 받으면 더 큰 저항감을 느끼게 됩니다. 이 반응은 단순히 무지 때문이 아니라, 우리가 자신을 어떻게 바라보고 있는지와 깊은 연관이 있습니다. 자신이 틀렸다는 사실을 인정하는 행위는 자신이 가진 세계관이나 자아의 일부를 부정하는 것처럼 느껴지기 때문에, 우리는 본능적으로 이를 거부하게 됩니다.

남북 전쟁 당시 호레이스 그릴리는 신랄한 비판과 조롱을 통해 링컨의 정책을 반대했습니다. 그는 자신의 의견을 관철시키기 위해 지속적으로 링컨을 공격했지만, 그러한 방법이 링컨의 생각을 바꾸는 데는 실패했습니다. 오히려, 링컨은 그릴리의 공격에도 굴하지 않고 자신의 입장을 유지했습니다.

사람의 마음을 움직이고 그들의 생각을 변화시키기 위해서는 공격적인 접근이 아닌 공감, 이해, 존중이 더 효과적입니다. 링컨과 같은 지도자조차도 비난이나 조롱으로는 마음을 바꾸지 않듯이, 우리는 타인을 설득할 때 그들의 자존심을 존중하고, 논쟁이 아닌 대화로 접근하는 것이 더 나은 방법임을 알아야 합니다.

말투를 바꾸면 성공이 따라온다

『벤저민 프랭클린 자서전』에는 그가 젊은 시절 논쟁을 좋아하던 시기와 이를 극복하는 과정을 담고 있습니다. 어느 날, 오래된 친구가 프랭클린에게 뼈 때리는 몇 마디를 날렸습니다.

"벤, 자네는 정말 구제불능이야. 자네는 자네와 다른 견해를 가진 사람에게 큰 상처를 주고 있어. 그 상처가 너무 아파서 이젠 누구도 자네 생각을 듣고 싶어 하지 않는다네. 자네가 똑똑하다는 것을 알겠어. 하지만 보게나. 사람들은 차라리 자네가 없는 곳에서 마음이 편하다고 할 정도야. 이대로라면 자네는 더는 발전할 수 없게 될 거야."

벤저민 프랭클린의 장점 중 하나는 자신에 대한 통렬한 비판을 받아들이는 태도였습니다. 그는 친구에게서 받은 비판을 인정하고, 자신의 독선적인 태도가 문제라는 사실을 깨달았습니다. 프랭클린은 그러한 태도가 지속되면 실패하고 사회적 지위를 잃게 될 것이라는 사실을 인식하고, 즉시 자신의 태도를 개선하기로 결심했습니다.

> **벤저민 프랭클린**(1706~1790)은 미국의 정치가이자, 언론인, 과학자, 사상가 등 다재다능한 인물이다. 가장 미국적인 인물로 손꼽히는 계몽주의자이자 실용주의자이다.

프랭클린은 말투와 표현 방식을 변화시키기 시작했습니다. 그는 '확실히' '의심할 여지없이' 같은 단정적인 표현 대신 '제가 생각하기에' '제가 이해하기로는' 등 겸손한 표현을 사용했습니다. 누군가 틀린 주장을 했을 때, 즉각적으로 반박하거나 잘못되었음을 입증하기보다는 그의 관점에서 옳을 수 있음을 인정하며 대화의 여지를 열었습니다. 이런 변화 덕분에 대화에서 충돌이 줄어들었고, 사람들이 그의 의견을 더 쉽게 받아들였으며, 실수를 했을 때도 덜 치욕스러워졌습니다.

처음에는 자신의 성격을 억눌러야 했지만, 시간이 지나면서 이러한 태도는 자연스러워졌습니다. 프랭클린은 이러한 습관 덕분에 사람들로부터 존경을 받았으며, 정치와 사회 활동에서도 성공을 거둘 수 있었습니다. 그는 설득력 있는 연설가가 아니었음에도 불구하고, 겸손하고 협조적인 태도 덕분에 많은 시민의 지지를 얻었고, 의회에서 영향력을 행사할 수 있었습니다.

프랭클린의 변화는 겸손의 표현이 타인과의 관계를 원만하게 만들고 자신의 의견을 더 효과적으로 전달할 수 있는 매우 중요한 기술임을 보여 줍니다.

사실 지금 말하는 것은 수천 년 전부터 내려온 지혜이며, 오늘날에도 여전히 유효한 가르침입니다. 2000년 전 예수는 이렇게 말했습니다.

"너와 다투는 사람과 서둘러 화해하라."(마태복음 5:25)

이집트의 왕 아크토이 역시 아들에게 몇 가지 현명한 충고를 남겼습니다.

"다른 사람의 감정을 상하게 하지 않는다면, 네가 바라는 대로 될 것이다."

그러므로 다른 사람을 설득하고 싶다면 기억하세요.

비결 2

상대의 의견을 존중하고, 절대로 그가 '틀렸다'고 지적하지 마세요.

틀렸을 때는
솔직히 인정하라

잘못은 빨리 인정할수록 유리하다

저는 뉴욕 중심부에 살고 있지만, 집에서 1분만 걸으면 자연 그대로의 숲이 펼쳐진 곳이 있어요. 이곳은 '정글 공원'이라 불리는 작은 숲이에요. 숲에는 다람쥐가 살고 봄에는 딸기 덤불이 꽃을 피워요. 이곳은 사람들이 잘 오지 않아, 제 반려견인 보스턴 불도그 렉스와 자유롭게 산책하기에 좋았죠.

렉스는 사람을 좋아하고 온순해서 저는 렉스에게 목줄이나 입마개를 하지 않았어요. 그런데 어느 날 기마경찰을 만났죠. 그는 법을 위반했다고 지적하며 경고했어요.

"법을 어기셨네요. 이 개가 다람쥐나 아이를 해칠 수 있습니다. 이번엔 눈감아 드리지만, 다음엔 벌금을 물게 될 겁니다."

저는 순순히 "알겠습니다"라고 대답했고, 며칠 동안은 경찰의 지시를 따랐어요. 그런데 렉스가 입마개를 싫어하고 저도 마음에 들지 않아서 몰래 목줄 없이 다시 산책을 나가기 시작했죠. 그러던 어느 날 렉스와 언덕에서 뛰어놀고 있을 때, 암갈색 말을 탄 경찰이 나타났어요. 딱 걸렸지요.

저는 그가 벌금을 물릴 것을 직감했죠. 그래서 먼저 다가가 솔직하게 인정했어요.

"경찰관님, 제가 법을 어겼습니다. 지난번 경고를 들었는데도 개에게 목줄을 하지 않았어요. 제 잘못입니다."

그 경찰관은 제 예상과 달리 부드럽게 웃으며 이렇게 말했어요.

"지금처럼 사람이 없을 때는 이렇게 작은 개가 놀아도 괜찮겠죠."

저는 대답했어요.

"맞아요, 하지만 법을 어긴 건 사실입니다."

경찰관은 미소 지으며 말했어요.

"사실 이 정도 크기의 개가 문제를 일으킬 것 같진 않습니다."

그러나 저는 이렇게 덧붙였죠.

"그래도 다람쥐를 해칠지도 모르죠."

그러자 경찰관은 관용을 베풀며 말했어요.

"그럼 이렇게 하시죠. 개를 언덕 너머 제가 볼 수 없는 곳에서

139

놀게 하세요. 그러면 이 문제는 없었던 일로 하겠습니다."

이 일에서 배운 중요한 교훈은 사람들은 자신이 인정받는 걸 좋아한다는 점이에요. 제가 솔직하게 제 잘못을 인정하자, 경찰관은 기분이 좋아져 관용을 베풀 수밖에 없었어요. 만약 제가 변명하거나 논쟁을 벌였다면 어떻게 되었을까요? 아마도 경찰관과 큰 싸움이 났을 거예요. 때로는 변명하지 않고 상대방이 옳다고 인정하는 것이 문제를 해결하는 가장 좋은 방법일 수 있습니다.

상업 미술가 페르디난드 E. 워런은 자신이 한 실수를 솔직히 인정함으로써 까다롭고 비판이 많던 미술 편집자의 마음을 돌린 경험을 했습니다. 광고와 인쇄용 그림은 정확함이 매우 중요합니다. 어떤 미술 편집자들은 작업에 작은 실수만 생겨도 트집을 잡곤 했습니다. 워런은 그중 한 명인 까다로운 편집자와 자주 일했는데, 그는 사소한 실수에도 불쾌해하며 비난을 멈추지 않았습니다.

어느 날, 워런은 편집자의 요청으로 급히 작업을 마친 그림을 보냈는데, 그 편집자가 전화를 걸어 "지금 당장 오라"고 했습니다. 워런은 무엇인가 잘못되었음을 직감했죠.

편집자 사무실에 도착하자, 예상했던 대로 편집자는 작은 실수를 꼬치꼬치 따지며 비판하기 시작했습니다. 그때 워런은 스스로 실수를 인정하는 전략을 사용하기로 결심했습니다. 그는 이렇게 말했습니다.

"맞습니다. 제가 실수했습니다. 오랫동안 함께 일했는데, 이제는 더 나은 그림을 드려야 하는데 이렇게 실수하다니 정말 부끄럽습니다."

이 말을 듣고 편집자는 워런을 옹호하며 이렇게 답했습니다.

"맞긴 하지만, 이건 그리 큰 실수는 아닙니다."

하지만 워런은 멈추지 않고 더 깊이 자책하며 말했습니다.

"작은 실수도 문제가 될 수 있죠. 제가 더 주의를 기울였어야 합니다. 이런 기회를 주셨으니 제가 완벽한 결과를 드리는 게 당연합니다. 이 작업은 처음부터 다시 하겠습니다."

그러자 편집자는 놀라며 오히려 워런을 말리기 시작했습니다.

"아뇨, 그렇게까지 할 필요는 없습니다. 이 그림은 조금만 수정하면 됩니다. 회사에 큰 손해가 될 일도 아니에요."

그 뒤, 편집자는 더는 워런을 비판하지 않았고, 오히려 점심을 함께하자고 제안했습니다. 심지어 그는 새로운 작업과 수표까지 건넸죠.

여러분 우리는 이 이야기에서 중요한 교훈을 얻을 수 있습니다. 누구나 변명할 줄은 알지만, 진심으로 실수를 인정하는 것은 우리를 더 고귀하고 특별한 사람으로 보이게 합니다. 상대방이 더는 비판할 필요를 느끼지 않게 되고, 오히려 관용과 이해를 베풀게 됩니다.

페르디난드 워런처럼 실수를 솔직히 인정하면 갈등이 줄어들고 관계가 좋아지는 효과를 볼 수 있습니다.

양보하면 많은 것을 얻을 수 있다

남북 전쟁 중 게티즈버그 전투에서 일어난 비극적인 사건이 있었습니다. 이 전투에서 로버트 E. 리 장군은 북군을 상대로 대담한 공격을 지휘했지만, 작전은 실패로 끝났습니다. 리 장군은 그 책임을 누구에게도 돌리지 않고 온전히 자신의 잘못으로 받아들였습니다.

리 장군은 피켓 장군에게 북군의 방어선을 돌파하라는 명령을 내렸습니다. 피켓 장군의 부대는 군복을 빛나게 차려입고, 모자를 멋지게 쓴 채 당당히 전진했습니다. 이들의 용감한 돌격에 북군 병사들조차 감탄하며 "정말 멋진 공격이다!"라고 말할 정도였죠.

하지만 북군의 매복 부대가 묘지 능선의 돌벽 뒤에서 갑작스럽게 나타나 공격했습니다. 이로 인해 피켓 장군의 부대는 순식간에 대학살을 당하고 말았죠. 병사 5,000명 중 4,000명 이상이 전사했습니다.

전투가 끝난 뒤 리 장군은 남부 연합의 대통령 제퍼슨 데이비스에게 자신은 자리에서 물러나겠으니 새로운 인재를 임명해 달라

142

고 요청했습니다. 리 장군은 이 패배의 책임을 다른 사람에게 전가할 수도 있었지만, 그러지 않았습니다.

사실 몇몇 지휘관들이 명령을 따르지 않았고, 기마부대는 너무 늦게 도착해 제대로 지원하지 못했습니다. 그럼에도 불구하고, 리 장군은 다른 누구도 탓하지 않고 모든 책임을 스스로 떠안았습니다.

"이 모든 책임은 나에게 있다. 이 전투에서 패배한 사람은 나 혼자뿐이다."

역사 속에서 리 장군처럼 자신의 실패를 솔직히 인정한 지도자는 많지 않습니다. 그는 다른 사람을 탓하는 대신, 모든 책임을 자신에게 돌림으로써 진정한 리더십과 인품을 보여 주었습니다. 이러한 리 장군의 태도는 그가 단순한 군사 지도자가 아닌, 고결한 인품을 지닌 지도자였음을 보여 줍니다. 패배 속에서도 자신을 탓하며 다른 사람을 보호하는 리더의 모습은 오늘날에도 존경받는 리더십의 한 표본으로 남아 있습니다.

엘버트 허버드는 창의적인 작가였습니다. 그의 글은 때때로 많은 사람의 분노를 불러일으켰지만, 그는 사람을 다루는 기술이 탁월해서 심지어 적이었던 사람도 친구로 만들곤

엘버트 허버드(1856~1915)는 1856년 미국 일리노이주의 블루밍턴에서 태어났다. 젊은 시절 세일즈맨으로 큰 성공을 거두었으나, 이에 만족하지 않고 출판사 로이크로프트를 설립하고 출판 경영자이자 에세이스트로서의 삶을 개척한다.

143

했습니다.

한 번은 허버드의 글을 읽고 화가 난 독자가 그에게 편지를 보냈습니다. 그 독자는 '당신의 글에서 이런저런 부분에 동의할 수 없다'며 여러 가지를 지적하고 비난했습니다.

그때 허버드는 그 독자에게 이렇게 답장했습니다.

'다시 생각해 보니, 저 역시 당신처럼 그 점에 대해 전적으로 동의하기는 힘들 것 같습니다. 제가 어제 쓴 글이 오늘도 마음에 드는 것은 아니기 때문입니다. 이 주제에 대한 당신의 생각을 알려 주셔서 감사합니다. 다음에 기회가 되면 저희 집에 들러 주십시오. 함께 이 주제를 더 깊이 이야기 나눠 보면 좋을 것 같습니다. 멀리서 박수를 보내며 이만 줄입니다.'

허버드는 비난을 받았음에도 상대방의 의견을 존중하며 부드럽게 대응했습니다. 이런 대응은 적을 친구로 만드는 데 매우 효과적이었습니다.

만약 당신이 옳다면, 상대방이 당신의 생각에 동의하도록 부드럽고 은근하게 설득해 보세요. 반대로 당신이 틀렸다면, 빠르고 분명하게 실수를 인정하는 것이 좋습니다.

옛 속담에 이런 말이 있습니다.

"싸워서는 충분히 얻지 못하지만, 양보하면 기대 이상을 얻게 된다."

144

그러므로 다른 사람을 설득하고 싶다면…

비결 3

잘못했을 때는 빨리,
그리고 분명하게 그것을 인정하세요.

우호적으로 다가가라

적을 친구로 만들려면…

누군가에게 화가 나면 속에 담아둔 이야기를 모두 쏟아내면 기분이 한결 나아질지도 모릅니다. 하지만 상대방의 기분은 어떨까요? 화를 내고 공격적인 말을 하면 그 사람이 내 의견을 따르게 될까요?

우드로 윌슨 대통령은 이렇게 말했습니다.

"만약 당신이 두 주먹을 불끈 쥐고 저에게 온다면, 저도 당신보다 더 빨리 대응할 생각을 하게 될 겁니다. 하지만 만약 '우리 서로 의견이 왜 다른지 이야기해 볼까요?'라고 말한다면, 우리는 분명히 생각이 다를지라도 공통점을 찾을 수 있을 것입니다. 서로의 입장을 이해하려는 노력만 있다면요."

이 말의 가치를 잘 이해한 사람 중 한 명이 **존 D. 록펠러** 2세입니다. 그는 1915년 미국 산업 역사에서 가장 심각한 파업 사태를 겪었습니다. 록

펠러가 소유한 콜로라도 석유와 강철 회사에서는 광부들이 임금 인상을 요구하며 파업에 나섰습니다. 사태가 악화되면서 기물을 파손하는 일이 발생했고, 군대까지 동원되었으며 유혈 사태로까지 번졌습니다.

이 상황에서 록펠러는 파업 노동자들을 설득해야 했습니다. 그리고 그는 결국 성공했습니다. 어떻게 했을까요?

먼저 록펠러는 노동자와 진심으로 대화하는 시간을 가졌습니다. 그리고 어느 날, 파업 노동자들의 대표 앞에서 연설을 했습니다. 이 연설은 굉장히 정교하고 신중했으며, 사실을 설명하되 우호적인 태도로 이뤄졌습니다.

"오늘은 제 인생에서 특별한 날입니다. 처음으로 이 훌륭한 회사의 직원 대표, 경영자, 관리자가 모두 함께 자리하게 된 것을 자랑스럽게 생각합니다. 이 만남은 제 삶이 다하는 날까지 기억할 특별한 경험이 될 것입니다. 저는 지난주에 여러분의 가정을 방문하고, 아내와 자녀들을 만날 기회를 가졌습니다. 이 덕분에 우리는 낯선 사람이 아닌 친구로 이 자리에 함께할 수 있게 되었습니

다. 여러분의 호의 덕분에 우리는 상호 우정과 공동의 이익을 위해 이 자리에 섰습니다."

그의 연설은 광부들이 느꼈던 증오를 가라앉히는 데 큰 효과를 발휘했습니다. 놀랍게도, 그들이 그렇게 강하게 요구하던 임금 인상에 대한 언급조차 하지 않았지만, 노동자들은 작업장으로 돌아갔습니다.

이 연설이야말로 적을 친구로 만드는 최고의 기술을 보여 주는 사례입니다. 만약 록펠러가 비판적인 태도로 광부들에게 그들의 잘못을 지적했다면 어떤 일이 벌어졌을까요? 분명 광부들은 더 큰 분노와 저항으로 응답했을 것입니다.

누군가가 당신에게 반감을 품고 있다면 아무리 논리적으로 설득하려 해도 성공하기 어렵습니다. 부모님이 화를 내거나 상사와 아내가 잔소리를 해도 사람들은 강요에 쉽게 마음을 열지 않습니다. 하지만 친절하고 우호적인 태도로 다가가면 상대방이 마음을 열 확률이 높아집니다.

에이브러햄 링컨은 이렇게 말했습니다.

"꿀 한 방울이 쑥물 한 통보다 더 많은 파리를 잡는다."

사람을 설득하고 싶다면 먼저 그들에게 여러분이 진정한 친구임을 보여주세요. 친절과 호의가 담긴 말 한마디는 상대의 마음을 여는 강력한 열쇠가 될 수 있습니다. 그런 태도만 있다면, 그 누구도 당신의 말에 쉽게 마음을 열 것입니다.

엔지니어 O. L. 스트라우브는 집세를 낮추고 싶었지만, 집주인이 냉정하고 세입자에게 관대하지 않다는 사실을 알고 있었습니다. 이전에 다른 세입자들이 집세를 낮추려 시도했지만 모두 실패했죠. 하지만 스트라우브는 데일 카네기의 인간관계 기술을 활용해 보기로 결심했습니다.

스트라우브는 집주인에게 임대 기간이 끝나면 이사하겠다는 편지를 보냈습니다. 하지만 그는 이사할 계획이 없었고, 집세만 낮춰 주면 계속 살고 싶었죠. 편지를 받은 집주인과 비서가 스트라우브를 직접 만나러 왔을 때, 그는 따뜻하고 우호적인 인사로 그들을 맞이했습니다.

스트라우브는 집세 문제를 먼저 꺼내지 않고 집에 대한 칭찬부터 시작했습니다.

그는 "이 집을 정말 좋아합니다. 집주인님이 건물을 관리하는 방식에 감탄했습니다"라고 말했습니다. 그는 진심으로 찬사를 보냈고, 주인이 자신이 환영받는다고 느끼도록 만들었습니다.

이야기를 나누던 중 집주인은 자신의 어려움을 털어놓기 시작했습니다.

"대부분의 세입자는 불만투성이입니다. 어떤 세입자는 14통의 불만 편지를 보냈고, 일부는 모욕적인 내용도 담고 있습니다. 또

149

다른 세입자는 위층 세입자의 코 고는 소리를 해결하지 않으면 임대 계약을 취소하겠다고 위협했습니다. 당신처럼 만족스러운 세입자가 있다는 것이 큰 위안입니다."

놀랍게도 집주인은 스트라우브가 요구하지도 않았는데 먼저 집세를 인하하겠다고 제안했습니다. 하지만 스트라우브는 만족하지 않고, 자신이 지불할 수 있는 정확한 금액을 말했습니다. 주인은 두말없이 그 금액을 받아들였습니다.

집주인은 떠나며 이렇게 물었습니다.

"집 안 장식에 도움이 필요하면 언제든 말해 주세요."

어떤가요? 완벽하지 않나요?

스트라우브는 다음과 같이 결론지었습니다.

"다른 세입자들처럼 불만을 늘어놓고 요구만 했다면 나도 똑같이 실패했을 겁니다. 그러나 공감과 칭찬, 긍정적인 태도가 결국 성공의 열쇠가 되었습니다."

저도 이 결론에 전적으로 동의합니다.

해와 바람 이야기

아주 오래전, 제가 미주리 북서부 지역 있는 숲을 지나 시골 학교에 다니던 소년 시절의 이야기입니다. 저는 태양과 바람에 관한 우화를 읽었습니다. 이 우화는 누가 더 강한지 겨루는 경쟁에 관한 이야기입니다.

바람이 말했습니다.

"내가 더 세다는 걸 보여 줄게. 저기 저 노인이 걸어가는 게 보이지? 내가 너보다 빨리 저 사람의 코트를 벗기고 말겠어."

태양은 구름 뒤로 숨었고, 바람은 세차게 몰아쳤습니다. 하지만 바람이 강하게 불수록, 노인은 코트를 꽁꽁 싸맸죠. 결국 바람은 포기하고 말았습니다.

그때 구름 뒤에서 태양이 밝게 빛나기 시작했습니다. 따뜻한 햇볕에 노인의 이마에는 땀이 맺혔고, 그는 곧 코트를 벗었습니다. 태양은 바람에게 이렇게 말했습니다.

"온화함과 다정함은 분노와 힘보다 강한 법이야."

카네기 인간관계 수업을 듣는 수강생 중 바로 이 해와 바람 이야기의 교훈을 일상생활에 잘 적용한 사례가 있어 소개하려 합니다.

한때 롱아일랜드의 가든 시티에 살던 도로시 데이 부인은 아주 중요한 오찬 모임을 주최하게 되었습니다. 그녀는 모든 것이 완벽하게 진행되기를 바랐고, 항상 그녀를 도와주던 에밀이라는 수석 웨이터가 잘해 주리라 생각했습니다. 그러나 어찌된 일인지 그날 에밀은 다른 웨이터 한 명만 보내고, 자신은 나타나지 않았습니다. 그 웨이터는 서비스의 기본도 모르는 사람처럼 행동했습니다. 손님을 제대로 챙기지 못했고, 음식은 형편없었으며, 고기는 질기고 감자는 느끼했습니다.

도로시는 마음속으로 에밀에게 따지기로 결심했어요.

하지만 다음 날 도로시는 인간관계론 강의를 듣고 중요한 것을 깨달았습니다.

"에밀을 질책하면 기분만 망치고, 앞으로 그가 나를 돕고자 하는 마음도 잃게 만들겠구나."

그래서 그녀는 비난 대신 우호적인 접근을 하기로 했습니다. 에밀의 입장에서 생각해 보니, 그는 재료를 사거나 요리를 한 것이 아니었고, 다른 웨이터의 실수도 어쩔 수 없는 상황이었다고 판단한 것입니다.

다음 날 도로시는 에밀을 만났습니다. 에밀은 자신을 방어할 준비를 하고 있었지만, 도로시는 칭찬으로 대화를 시작했습니다. "에밀, 당신 덕분에 항상 큰 힘이 돼요. 당신은 뉴욕 최고의 수석 웨이터잖아요. 지난번 실수는 당신 잘못이 아니라고 생각해요."

에밀은 긴장을 풀며 웃음을 지으며 말했습니다.

"사실 문제는 요리사 쪽에서 생긴 거예요."

도로시는 이어서 물었습니다.

"다음 모임에서도 그 요리사를 계속 써도 괜찮을까요?"

에밀은 단호하게 대답했습니다.

"물론입니다. 그런 일은 두 번 다시 없을 겁니다."

그다음 주에 열린 오찬에서는 에밀과 도로시가 함께 메뉴를 정했습니다.

화려한 장미로 식탁이 장식되었고, 에밀은 모든 과정에 세심하게 신경 썼으며, 메인 요리가 나올 때는 네 명의 웨이터가 함께 서빙을 도왔습니다. 마지막으로, 에밀이 직접 민트를 뿌리는 서비스까지 더했습니다.

모임이 끝난 뒤, 손님들이 도로시에게 물었습니다.

"그 수석 웨이터에게 어떻게 하신 거죠? 이렇게 훌륭한 서비스는 처음이에요."

도로시 부인은 우호적인 태도와 진심 어린 칭찬 덕분에 성공할 수 있었다고 느꼈습니다. 비난 대신 칭찬을 선택한 결과, 에밀은 그녀를 돕기 위해 최선을 다했죠.

누군가를 비난하기보다 칭찬하고 우호적으로 대하면 기대 이상의 결과를 얻을 수 있습니다.

그러므로 상대를 설득하고 싶다면…

비결 4

우호적으로 시작하세요.

소크라테스의
비밀

상대방이 "네"라고 대답하게 만들자

사람들과 대화할 때는 상대방의 의견과 일치하는 부분부터 이야기해야 합니다. 즉, 먼저 상대방의 의견에 동의한다는 점을 강조하고, 서로 같은 목표를 향해 가고 있다는 느낌을 주는 것이 좋습니다. 서로 차이가 있다면 목표가 아니라 방법일 뿐이라는 점을 명확히 알려 주는 것이 효과적입니다.

대화를 시작할 때부터 상대가 "네"라고 긍정적인 대답을 하게 만드는 것이 중요합니다.

반대로 "아니오"라는 부정적인 답변이 나오지 않도록 해야 합니다. 사람이 한 번 "아니오"라고 말하면 자존심 때문에 그 입장을 굽히기 어려워지기 때문입니다.

154

심리학자 오버스트리드 교수는 그의 책 『인간 행동에 영향을 미치는 법』에서 "아니오"는 극복하기 힘든 장애물이 된다고 말합니다.

사람이 "아니오"라고 말하고 나면 자신의 말이 틀렸다고 느낄 때도 자존심 때문에 번복하지 않습니다. 처음부터 긍정적인 대답을 이끌어 내는 것이 효과적입니다.

사람이 "네"라고 대답하면 신경과 근육이 이완되고 마음이 열린 상태가 됩니다. 그의 몸과 마음은 수용적이고 긍정적인 상태가 됩니다. 반면, "아니오"라고 대답하면 신경과 근육이 긴장하며, 경계하는 태도가 생깁니다. 거부 반응이 생기고 몸 전체가 긴장 상태에 놓이게 됩니다.

따라서 대화할 때 처음부터 여러 번 "네"라고 대답하도록 유도하면, 상대방이 결국 우리의 의견에 동의할 가능성이 높아집니다.

이처럼 상대방에게 긍정적인 반응을 끌어내는 것은 단순하지만 강력한 전략입니다. 하지만 많은 사람이 이를 사소하게 여기고 무시합니다. 오히려 처음부터 상대와 다른 의견을 제시하며 대단한 사람이 된 것처럼 착각하기도 합니다.

누구와 대화하든 처음에 상대가 "아니오"라고 말하게 만들면, 그 부정적인 답변을 긍정으로 바꾸기 어렵습니다. 그 순간부터는 상대의 마음을 돌리기 위해 엄청난 노력과 인내가 필요하게 됩니다.

따라서 처음부터 상대가 "네"라고 대답할 수 있는 긍정적인 대화 분위기를 만드는 것이 성공적인 대화의 중요한 열쇠입니다.

뉴욕 그리니치 저축은행에서 일하는 제임스 에버슨의 이야기입니다. 그는 은행에서 계좌 개설을 도우며, "네" 기술을 사용하여 한 고객의 마음을 사로잡았습니다.

"어느 날 한 고객이 계좌를 개설하기 위해 저희 은행을 방문했습니다. 저는 고객에게 필요한 서류를 드리고 작성해 달라고 부탁드렸죠. 하지만 그분은 몇 가지 질문에는 기꺼이 대답하면서도, 몇몇 항목에 대해서는 답변을 거부했습니다. 예전 같았다면 저는 '이 질문들에 답하지 않으면 계좌를 개설할 수 없습니다'라고 말했을 것입니다. 그러고 나면 제 입장에서는 속이 후련했죠. 은행의 규정을 따르는 것이 당연하다고 느꼈으니까요. 하지만 이런 접근은 고객에게 환영받는 느낌을 전해 주지 못했을 것입니다. 그래서 그날 저는 새로운 접근법을 써 보기로 했습니다. 이번에는 고객의 입장에서 생각하며, 처음부터 긍정적인 대답을 이끌어내기로 결심했습니다. '고객님께서 말씀하신 몇 가지 정보는 꼭 필수적인 것은 아닙니다. 하지만 만약 고객님께서 사망하시게 된다면, 은행에 남아 있는 예금을 상속자에게 전달해야 하지 않을까요? 고객이 제 말에 동의하며 곧바로 '네, 맞습니다'라고 대답했습니다. 그러자 저는 다음과 같이 제안했습니다. '그렇다면 혹시 고객님의 상속자가 누구인지 알려 주실 수 있을까요? 그래야만 상속 절차를 빠르고 정확하게 도와드릴 수 있습니다.' 고객은 다시 '네, 그렇군요'라고 답했습니다. 고객은 이 대화를 통해 은행이 자신의 이익을 위해 정보를 요청하고 있다는 점을 이해하게 되었습니다. 그 뒤 태도가 완전히 바뀌었고, 필요한 모든 정보를 기꺼이 제공했습니다. 더 나아가 어머니를 수혜자로 지정하는 신탁 계좌도 개설했고, 어머니에 대한 정보도 흔쾌히 알려 주었습니다. 처음에 거부했던 고객이 이렇게까지 협조적으로 변한 이유는 제가 그가 동의할 수 있는 방식으로 접근했기 때문입니다."

여러분도 아는 **소크라테스**는 고대 그리스의 위대한 철학자입니다. 그의 생각은 오늘날까지도 사람들의 사고방식에 큰 영향을 미치고 있습

> '철학의 아버지'로 불리는 그리스 철학자 **소크라테스**(B.C. 470~B.C. 399?)는 대화를 통해 상대방의 '무지(無知)'를 이끌어 내는 소크라테스식 문답법인 '산파술'로 유명하다.

니다. 그는 맨발로 다니며 평범한 사람들과 대화하며 지혜를 나누는 독특한 인물이었죠.

소크라테스는 상대방의 실수를 바로 지적하거나 비난하지 않았습니다. 대신 상대가 자신에게 동의할 수밖에 없는 질문을 던지면서 대화를 이끌어 나갔습니다. 이 방식은 오늘날 '소크라테스식 문답법'이라고 불립니다.

소크라테스는 상대방에게 간단하고 당연한 질문을 던져, "네"라고 동의할 수밖에 없도록 대화를 이끌었습니다. 이렇게 긍정적인 대답이 쌓이면서, 상대방은 자신도 모르는 사이에 소크라테스가 원하던 결론에 도달하게 되었습니다. 심지어 처음에는 반대하던 사람도 결국 그의 말에 동의하게 되었죠.

혹시 여러분이 다른 사람과 대화하다가 상대방의 잘못을 지적하고 싶은 순간이 온다면, 소크라테스처럼 부드럽고 지혜로운 질문을 던져 보세요. 상대가 스스로 답을 찾아가게 하는 것이 더 효과적일 수 있습니다. 이는 논쟁을 피하고 상대방의 자존심을 존중하며, 더 나은 관계와 결과를 얻을 수 있는 방법입니다.

중국 속담에 이런 말이 있습니다.

'사뿐히 걷는 사람이 더 멀리 간다.'

이 말은 서두르지 않고 차분하게 행동하며, 사람들과 부드럽고 온화하게 관계를 맺는 이가 더 큰 성취를 이룬다는 의미를 담고 있습니다.

그러므로 다른 사람을 설득하고 싶다면…

비결 5

상대가 기꺼이 "네"라고 말하게 하세요.

10대를 위한 데일 카네기 인간관계론

상대방이 말을
많이 하도록 만들자

자기 이야기를 하게 참고 기다리자

상대방을 설득하려면 그들의 의견을 경청하고, 그들이 이야기하도록 유도하는 것이 중요합니다. 대부분의 사람들은 자신의 의견이나 문제를 이야기할 기회를 가질 때 마음을 엽니다. 진정한 설득은 상대방이 말하게 하고 그들의 입장을 이해하는 일에서 시작됩니다.

설득하는 과정에서는 상대방의 말을 끊고 자신의 주장을 밀어붙이려는 유혹을 이겨 내야 합니다. 상대가 자신의 생각을 말할 때 그 말에 진심으로 관심을 기울이고 경청하면 상대는 더 신뢰를 하며 마음을 열게 될 것입니다.

경청은 설득의 가장 강력한 도구 중 하나입니다. 상대가 이야기

159

할수록 그들은 더 많이 공유하고, 그 결과로 당신의 의견을 받아들일 가능이 높아집니다.

몇 년 전, 미국의 대형 자동차 회사는 1년 치 자동차 시트용 직물을 구매하기 위한 협상을 진행했습니다. 세 곳의 직물 제조업체가 견본을 제출했고, 자동차 회사는 마지막 발표를 위해 각 업체에 발표자를 보내도록 요청했습니다.

그중 한 업체의 발표를 맡은 G. B. R. 씨는 심한 후두염에 걸린 상태로 협상 장소에 도착했습니다. R 씨는 발표할 시간이 되었을 때 목소리가 전혀 나오지 않았습니다. 발표장에는 직물 담당 엔지니어, 구매 담당자, 판매 담당자, 자동차 회사의 사장이 앉아 있었습니다.

R 씨는 당황했지만 종이에 간단한 메시지를 적어 테이블에 둘러앉은 사람들에게 보여 주었습니다.

'제가 목소리가 나오지 않아 말씀을 드릴 수 없습니다.'

그 순간, 자동차 회사 사장이 입을 열었습니다.

"그럼 제가 대신 말해 보죠."

그러더니 자동차 회사 사장은 R 씨가 가져간 견본을 사람들 앞에 보여 주며 칭찬하기 시작했습니다. R 씨는 그저 미소를 짓거나 고개를 끄덕이며 조용히 참여했습니다.

이 회의 결과 무슨 일이 일어났을까요? R 씨는 160만 달러에 달하는 엄청난 계약을 따냈습니다.

R 씨는 뒤에 이렇게 고백했습니다.

"만약 제가 목소리를 잃지 않았다면 이 계약을 따내지 못했을 겁니다."

그는 비즈니스에서 자신이 말하는 것보다, 상대방이 이야기하도록 하는 것이 얼마나 중요한지를 배웠다고 말합니다.

필라델피아 전기 회사의 조셉 S. 웹은 네덜란드 농부들이 사는 펜실베이니아 시골을 방문하며 특별한 경험을 했습니다. 이 지역 사람들은 전기를 사용하지 않기로 유명했고, 설득이 쉽지 않았습니다. 담당자들조차 그들에게 무엇인가를 팔아 본 적이 없을 정도로 어려운 고객이었죠. 그러나 웹은 독특한 접근 방식을 통해 이 문제를 해결했습니다.

웹이 한 농가의 문을 두드리자 나이 든 드러켄브로드 부인이 조심스럽게 문을 열었습니다. 그러나 웹이 전기 회사 직원임을 알아차리자, 문을 세게 닫아 버렸습니다.

하지만 웹은 포기하지 않고 다시 문을 두드렸습니다. 부인은 문을 열며 "당신 회사는 도둑이나 다름없다"며 화를 냈죠. 웹은 부드럽게 대답했습니다.

"드러켄브로드 부인, 번거롭게 해 드려 죄송합니다. 사실 저는 전기 이야기를 하러 온 것이 아니라, 부인께 신선한 달걀을 사고 싶어서 왔습니다."

이 말에 부인의 태도가 조금 풀렸습니다.

"당신이 우리 닭을 어떻게 아는 거죠?"

"제가 키우는 닭은 레그혼종이라 흰 달걀만 낳는데, 부인께서 기르시는 도미니크종은 노른자가 훨씬 진해서 케이크 만들 때 더 좋습니다."

부인은 이 말을 듣고 호감이 생겼는지 문을 활짝 열었습니다. 웹은 그녀의 농장을 둘러보며 닭장이 잘 관리되고 있다고 칭찬했습니다. 그러곤 농장을 살피던 중, 부인의 닭장이 남편의 암소보다 큰 수익을 내는 듯하다는 말을 건넸습니다. 이 말을 들은 부인은 자신의 닭이 암소보다 수익성이 높다는 사실을 남편이 인정하지 않는다고 불평했습니다.

웹은 부인의 닭장을 직접 둘러보며 사료와 온도 관리에 대한 조언을 해 주고, 그녀의 기발한 장치들을 진심으로 칭찬했습니다. 이야기가 무르익자, 부인은 "이웃들이 닭장에 전등을 설치하면 더 많은 달걀을 얻는다고 하는데, 어떻게 생각하시나요?"라고 물었습니다. 웹은 긍정적인 의견을 주었고, 부인은 2주 뒤 전등을 설치했습니다.

그 결과, 부인의 도미니크종 닭은 전등 아래서 더 많은 달걀을 생산하게 되었습니다.

웹은 이렇게 말했습니다.

"만약 처음부터 전기를 사용하라고 강요했더라면, 절대 성공하지 못했을 겁니다. 이들은 무엇인가를 강요당하는 걸 싫어합니다. 그들이 스스로 필요성을 느끼게 만들어야만 비로소 거래가 가능합니다."

상대방을 뛰어난 사람으로 만들자

찰스 T. 큐벨리스는 「뉴욕 해럴드 트리뷴」에 실린 광고를 보고 지원서를 냈습니다. 며칠 뒤 그는 면접을 보게 되었고, 이 자리에서 뛰어난 설득 기술로 자신을 인상 깊게 어필해 일자리를 얻을 수 있었습니다.

면접을 앞두고 큐벨리스는 월스트리트를 돌아다니며 회사와 사장에 대한 정보를 수집했습니다. 면접에서 그는 이렇게 물었습니다.

"사장님께서는 28년 전에 사무실과 속기사 한 명만 두고 사업을 시작하셨다고 들었습니다. 정말인가요?"

그의 질문은 이 회사 대표의 자부심을 자극했습니다. 큐벨리스의 질문에 사장은 매우 자랑스럽게 자신의 고생과 성공 이야기를 늘어놓았습니다. 그는 작은 자본과 큰 아이디어로 시작해 조롱과

163

좌절을 이겨 내고 성공한 과정을 이야기하며 뿌듯해했습니다. 큐벨리스는 사장이 충분히 이야기할 수 있게 귀를 기울이고 관심을 보였습니다. 결국 사장은 큐벨리스에게 큰 호감을 느끼고 즉시 채용을 결정했습니다.

큐벨리스의 성공 비결은 단순했습니다. 첫째, 상대방의 업적과 노력에 관심을 기울였습니다. 둘째, 상대가 자신의 경험을 마음껏 이야기할 수 있도록 대화했습니다.

대부분의 사람들은 다른 사람의 성공보다는 자신이 이룬 성과를 더 이야기하고 싶어 합니다. 프랑스 철학자 로슈푸코는 이렇게 말했습니다.

"적을 만들고 싶다면 그를 넘어서라. 친구를 만들고 싶다면 그가 당신을 넘어서도록 하라."

이 말에는 사람들이 타인의 성공보다 자신의 중요성을 확인하고 싶어 한다는 점이 잘 담겨 있습니다. 친구가 우리보다 뛰어나면 그 친구는 자부심을 느끼지만, 우리가 친구보다 뛰어나다면 열등감과 질투가 생기기 쉽습니다.

우리는 모두 겸손해야 합니다. 왜냐하면 우리의 삶은 유한하며, 지금부터 100년 뒤면 누구도 우리가 존재했다는 사실을 기억하지 않을 테니까요. 이 짧은 인생에서 작은 성취나 자랑으로 다른 사람을 귀찮게 할 이유는 없습니다. 오히려 상대방이 이야기를 하도록 기회를 주는 것이 훨씬 의미 있습니다.

그러므로 남을 설득하고 싶다면…

비결 6

다른 사람이 말을 많이 하도록 만드세요.

허락을
이끌어 내는 방법

상대방이 스스로 생각해 냈다고 믿게 만들자

여러분은 다른 사람의 의견을 그대로 받아들이는 편인가요? 대부분은 스스로 생각해 낸 아이디어를 더 신뢰하지 않나요? 그렇다면 반대로, 내 아이디어를 상대방에게 억지로 받아들이게 하는 건 별로 좋지 못한 방법이 아닐까요? 가볍게 제안만 하고 상대방이 스스로 판단해 결정하는 것이 더 지혜로운 행동이랍니다.

카네기 인간관계 수업을 듣는 수강생 중 아돌프 젤츠라는 사람이 있었습니다. 그는 의욕이 부족한 자동차 판매 직원들에게 열정을 불어넣어야 했지요. 어느 날 그는 판매 회의를 열고 직원들에게 자신이 바라는 것을 자유롭게 말하도록 요청했습니다. 직원들의 요구 사항은 칠판에 적혔고, 젤츠는 이렇게 말했습니다.

"여러분이 원하는 것을 모두 들어드리겠습니다. 이제 제가 여러분에게 기대해도 될 만한 것을 말해 주시겠습니까?"

젤츠가 묻자 직원들은 신속히 답변했습니다. 그들은 충성, 정직, 열정적인 근무 태도 등을 약속했으며, 심지어 하루 14시간 일하겠다는 사람도 있었습니다. 그 회의는 새로운 동기와 자극을 제공해 판매 실적이 크게 향상되는 결과로 이어졌습니다.

젤츠는 이렇게 말했습니다.

"그들은 저와 도덕적 거래를 한 겁니다. 제가 맡은 일을 해내는 만큼 그들도 스스로의 몫을 해내겠다고 결심한 것이죠. 그들에게 필요한 것은 단지 자신이 원하는 바에 대해 이야기할 기회였습니다."

명령받는 것보다는 스스로 선택한 행동이 더 큰 동기를 부여합니다. 우리는 자신의 생각과 선택에 따라 행동할 때 더 만족을 느낍니다. 사람들은 타인의 강요가 아닌, 스스로 결정하고 말하는 것을 좋아합니다. 이 점을 기억하세요. 상대방이 스스로 결론을 내리도록 이끌면, 그들은 더 열정적으로 목표를 향해 나아갈 것입니다.

유진 웨슨은 디자인 스튜디오에서 제작한 스케치를 직물 제조업자나 스타일리스트에게 판매하는 일을 했습니다. 그는 뉴욕의 유명 스타일리스트를 매주 방문했지만, 단 한 번도 스케치를 판매하는 데 성공하지 못했습니다. 매번 고객은 이렇게 말했죠.

"오늘 보여 주신 것은 저희와 잘 어울리지 않는 것 같네요."

150번 가까운 실패 끝에, 웨슨은 자신이 고객의 의견을 무시하고 있었다는 사실을 깨달았습니다. 그는 새로운 접근 방식을 배우기 위해 매주 저녁을 인간 행동을 연구하는 데 할애했습니다. 웨슨은 완성되지 않은 스케치 6개를 들고 고객의 사무실을 다시 방문했습니다. 그러곤 이렇게 말했습니다.

"선생님께 부탁드릴 일이 있습니다. 이 스케치들을 어떻게 완성해야 선생님께서 원하시는 디자인이 될지 조언해 주시면 감사하겠습니다."

고객은 한동안 말없이 스케치를 살펴보더니 말했습니다.

"스케치를 두고 가셨다가 며칠 뒤에 다시 오세요."

웨슨은 며칠 뒤 고객의 의견을 듣고 스케치를 가져와 고객이 제안한 대로 수정했습니다. 그 결과는 어떻게 되었을까요? 맞습니다. 모든 스케치를 판매하는 데 성공했습니다. 이 일이 있고 나서 9개월 동안 고객은 추가로 더 많은 스케치를 주문했으며, 그로 인해 웨슨은 1,600만 달러 이상의 수수료를 벌어들였습니다.

웨슨은 이렇게 말했습니다.

"과거에는 고객에게 제가 생각하기에 필요한 제품을 사라고 설득했습니다. 하지만 지금은 정반대입니다. 저는 그가 자신의 아이디어를 직접 반영할 수 있도록 돕고 있습니다. 이제 저는 더는 물건을 팔 필요가 없습니다. 왜냐하면 그가 스스로 사고 있기 때문입니다."

시어도어 루스벨트가 뉴욕 주지사로 재직하던 시절, 그는 강력한 개혁을 추진하면서도 정계의 지도자들과 우호적인 관계를 유지하는 데 성공했습니다. 그는 어떻게 이 어려운 균형을 이뤘을까요? 그 답은 상대방의 의견을 존중하고, 함께 결정을 내리는 것처럼 느끼게 만드는 기술에 있습니다.

루스벨트는 중요한 자리에 인사를 임명할 때 다음과 같은 절차를 활용했습니다. 먼저 정계 지도자들에게 임명할 후보를 추천해 달라고 요청했습니다. 그들이 자신에게 유리한 인물을 추천하면, 루스벨트는 "이 인물은 대중이 받아들이기 어려울 것 같다"고 거절했습니다. 지도자들은 그 다음으로 자기 당의 중립적인 인물을 추천했지만, 역시 루스벨트는 "대중의 기대에 부응하지 못할 것 같다"며 다시 정중히 거절했습니다. 세 번째로 추천받은 인물 역시 적합하지 않다며 한 번 더 찾아봐 달라고 부탁했습니다. 네 번째로 추천받은 인물은 바로 루스벨트가 임명하고 싶었던 인물이었습니다. 그는 지도자들에게 감사의 인사를 전하며, 이번 임명은 '모두 여러분 덕분'이라고 칭찬했습니다.

루스벨트는 지도자들에게 이렇게 말했습니다.

169

"제가 여러분을 기쁘게 했으니, 이제는 여러분이 저를 기쁘게 해 줄 차례입니다."

이런 방식으로 그는 지도자들이 지지하기 어려웠던 개혁 정책(공무원법, 프랜차이즈 과세 법률 등)을 자연스럽게 통과시킬 수 있었습니다.

스스로를 설득하게 만들자

롱아일랜드에서 자동차 중개업을 하던 한 사람이 스코틀랜드인 부부에게 중고차를 팔 때였습니다. 그는 기존과 다른 판매 방식을 시도했습니다. 그는 데일 카네기 코스를 수강하며 배운 원칙을 적용해 상대방이 스스로 결정을 내리도록 유도하기로 했습니다.

처음에 그는 부부에게 중고차 여러 대를 보여 주었지만, 부부는 매번 마음에 들지 않는 이유를 제시했습니다.

"봐요. 이 차는 상태가 안 좋아요."

"아니 이 차는 너무 비싸잖아요."

상황이 진전되지 않자, 중개인은 동료 수강생들에게 조언을 구했습니다. 그들은 이렇게 말했습니다.

"샌디(스코틀랜드 사람을 뜻하는 별명)가 차를 사도록 하세요. 그들

스스로 결정하게 하는 것이 핵심입니다."

며칠 뒤, 다른 고객이 새 차를 사면서 자신의 중고차를 팔겠다고 찾아왔습니다. 중개인은 이 기회를 활용하기로 했습니다. 그는 중고차가 샌디 부부의 마음에 들 거라 생각하고, 샌디에게 직접 전화를 걸어 도움을 청했습니다.

"고객님이 자동차를 잘 보시잖아요. 이 차를 얼마에 사면 좋을지 조언을 부탁드려도 될까요?"

샌디는 크게 웃었습니다. 자신이 인정받는다는 느낌을 받은 것이지요. 그는 차를 타고 퀸즈 거리를 한 바퀴 돌아본 뒤 중개인에게 말했습니다.

"300달러 정도에 이 차를 거래하면 적당할 것 같군요."

그 중개인은 샌디에게 다시 물었습니다.

"고객님께서 매긴 300달러에 거래하신다면, 차를 사실 의향이 있으신가요?"

샌디는 곧바로 답했습니다.

"물론이지요. 그건 내가 매긴 감정가이니까요."

그렇게 거래는 즉시 성사되었습니다.

브루클린의 대형 병원에서는 신관 증축을 계획하며, 최고 성능의 엑스선 장비를 구비하려고 했을 때 벌어진 일입니다. 여러 영업사원들이 경쟁적으로 자신의 제품을 홍보하느라 정신이 없는 가운데, 한 제조업자가 남다른 방식으로 장비 판매에 접근했습니다.

다른 영업 사원들은 자기 제품의 장점만을 자랑했지만, 사람을 다루는 데 능숙한 한 제조업자는 L 박사에게 다음과 같은 겸손하고 전략적인 편지를 보냈습니다.

"저희 공장은 최근에 새로운 엑스선 장비를 제작했습니다. 그러나 아직 제품이 완벽하지 않은 것을 저희도 알고 있습니다. 박사님께서 제품을 살펴보시고 개선해야 할 점을 알려 주시면 정말 감사하겠습니다. 박사님께서 편하신 시간을 정해 주시면 저희가 직접 차로 모시겠습니다."

이 편지를 받은 L 박사는 강한 인상을 받았습니다. 그는 수업 시간에 다음과 같이 말했습니다.

"그 편지를 받고 정말 놀라웠고 기분이 좋았습니다. 그동안 많은 엑스선 장비 제조업자들이 저를 찾아왔지만, 이렇게 제 의견을 요청한 적은 한 번도 없었거든요."

L 박사는 편지를 통해 존중받는 느낌을 받았던 것입니다. 그는 바쁜 일정 속에서도 시간을 내기로 했습니다.

"사실 그 주에는 매일 저녁 약속이 꽉 차 있었지만, 그 편지를 받고 약속 하나를 취소했습니다. 그리고 장비를 살펴보니, 보면 볼수록 마음에 들었습니다. 그 누구도 저에게 이 장비를 팔려고 하지 않았지만, 저는 이 장비가 병원에 필요하다고 느꼈고 결국

도입을 결정했습니다."

몇 년 전, 캐나다 뉴브룬즈윅에서 한 남성이 이 방법을 사용해 저를 그의 단골로 만들었던 경험이 있습니다. 당시 저는 그 지역에서 낚시와 카누를 즐길 계획이었고, 여행 안내소에 정보를 요청하는 글을 남겼습니다. 그 뒤, 예상치 못하게 여러 캠프장과 여행 가이드에게서 수십 통의 편지와 안내 책자가 도착했어요. 너무 많은 정보에 압도당한 저는 어떤 것을 골라야 할지 혼란스러웠습니다.

다른 캠프장들은 저에게 자신들의 서비스를 팔려고 애썼지만, 한 캠프장 주인은 남다른 방식으로 접근했습니다. 그는 저에게 자신의 캠프를 이용했던 뉴욕 시민의 이름과 연락처를 보내 주며, "직접 그들에게 연락해 본 뒤, 원하는 서비스를 결정해 주세요"라고 했습니다.

놀랍게도 리스트 속에서 제가 아는 사람을 발견했고, 전화를 걸어 경험담을 들었습니다. 그 이야기를 듣고 난 뒤 저는 그 캠프장에 도착 날짜를 알려 주며 예약을 했습니다.

다른 캠프들은 저에게 자신들의 서비스를 팔려고 했지만, 오직이 주인만이 제가 스스로 선택한 것처럼 느끼게 했습니다. 결국, 그 캠프장 주인만이 저를 단골로 만드는 데 성공했습니다.

2,500년 전 중국의 현자 노자는 『도덕경』에 중요한 교훈을 남깁니다.

'강과 바다가 산에서 내려오는 시냇물의 존경을 받는 이유는 낮은 데 있기 때문이다. 강과 바다는 스스로를 낮춤으로써 시냇물들을 받아들이고 지배할 수 있다. 이처럼 지혜로운 사람은 다른 사람들 위에 있으면서도 무겁지 않고, 사람들 앞에 나서도 무례하게 보이지 않는다.'

사람들은 자기 스스로 내린 결정을 더욱 신뢰합니다. 당신의 아이디어를 강요하는 대신, 상대방이 자신이 직접 선택한 것처럼 느끼도록 유도하세요.

그러므로 다른 사람을 당신의 생각대로 설득하고 싶다면…

비결 7

상대가 스스로 생각해 냈다고 느끼게 하세요.

기적을 가져오는 공식

상대방의 관점에서 보려고 하자

사람들은 자신이 틀렸다고 생각하지 않는 경우가 많습니다. 그러니 상대를 비난하거나 지적하는 일은 문제 해결에 도움이 되지 않습니다. 비난은 누구나 할 수 있지만, 상대를 이해하려는 노력은 더 높은 수준의 인간관계를 만듭니다.

다른 사람의 생각과 행동에는 분명 그럴 만한 이유가 있습니다. 그 이유를 이해하려고 노력하면, 그 사람의 행동뿐만 아니라 성격까지 파악할 수 있는 중요한 열쇠를 얻을 수 있습니다.

"내가 저 사람 입장이라면 기분이 어떨까? 어떻게 반응할까?" 이렇게 스스로 질문해 보면 문제를 해결하는 데 걸리는 시간이 줄고, 갈등도 줄어듭니다. 이는 원인을 이해하면 결과에 대한 반감이 줄어들기 때문입니다. 다른 사람이 처한 상황과 그 사람의 감정을 이해할 때, 우리는 더 나은 해결책을 찾을 수 있습니다.

『사람을 황금처럼 빛나게 만드는 법』의 저자인 케네스 M. 구드는 이렇게 말합니다.

"잠깐 멈추세요. 자신의 일에는 열중하면서도, 다른 사람의 문제에는 거의 신경 쓰지 않는 것이 우리의 현실입니다. 이 사실을 깨달아야 합니다. 사람은 누구나 자신의 문제에 집중합니다. 이를 이해한다면 링컨이나 루스벨트처럼 어떤 일을 하든 성공할 수 있는 기반을 갖게 될 것입니다."

즉, 사람을 다루는 데 성공하는 비결은 다른 사람의 입장을 얼마나 이해하느냐에 달려 있습니다. 이제부터는 상대를 비난하기 전에 잠시 멈추고, 그 사람이 처한 상황을 이해하려고 노력해 보세요. 이해하는 마음이야말로 문제를 해결하고, 진정한 신뢰를 쌓는 데 가장 중요한 출발점입니다.

내가 저 사람이었다면?

몇 년 동안 저는 집 근처 공원에서 산책하거나 자전거를 타며 휴식을 취했습니다. 공원에 있는 떡갈나무를 무척 좋아했지요. 그런데 매해 화재로 어린 나무들이 불에 타는 모습을 볼 때마다 안타까웠습니다. 흡연자들이 버린 담배꽁초나, 아이들이 나무 아래서 소시지나 달걀을 구워 먹으면서 생긴 작은 화재였습니다. 때로는 불이 크게 번져 소방차까지 출동하기도 했습니다.

물론 공원에는 화재를 일으킨 사람은 벌금이나 징역형에 처할 수 있다는 경고 표지판이 있었습니다. 하지만, 전혀 효과가 없었습니다. 심지어 근처에 있는 경찰에게 신고했지만, 임무에 신경을 쓰지 않아 화재는 매년 반복되었습니다. 저는 직접 나서기로 마음먹었습니다.

처음에는 아이들 입장에서 생각할 겨를이 없었습니다. 그저 권위적인 태도로 접근했습니다. 불을 피우는 아이들에게 다가가 "여기서 불을 피우면 감옥에 갈 수 있다"며 경고했습니다.

아이들은 어쩔 수 없이 내 말을 따랐지만, 기분 나빠 했고 화를 냈습니다. 내가 자리를 떠난 뒤 아이들은 다시 불을 피우며 나에 대한 반감을 키웠을 것입니다. 이처럼 강압적인 방법은 문제를 해결하지 못했고, 오히려 아이들의 협조를 끌어내는 데 실패했습니다.

몇 년이 지나고 저도 다른 사람의 입장에서 생각하는 법을 배우게 되었습니다. 그래서 아이들을 다시 만났을 때, 이번에는 이렇게 이야기했습니다.

"얘들아, 즐거운 시간 보내고 있니? 저녁 메뉴는 뭐니? 나도 어릴 때 불장난을 정말 좋아했단다. 물론 지금도 좋아해. 하지만 공원에서는 불이 위험할 수 있거든. 다른 아이들이 이걸 보고 불을 피운 뒤 제대로 끄지 않고 집에 가 버리면, 불이 낙엽에 번져 나무들이 다 타 버릴 수 있어. 그러면 우리가 좋아하는 이 나무들을 잃게 될지도 몰라. 그러니 너희가 불 근처에 있는 낙엽을 치우고, 집에 갈 때 불을 흙으로 덮어 완전히 꺼 주면 좋겠구나. 그리고 다음에는 언덕 너머 안전한 모래 구덩이에서 불을 피워 보면 어떨까?"

이렇게 아이들의 입장에서 이야기하자 아이들은 더는 화를 내거나 반발하지 않았습니다. 아이들도 나와 기분 좋게 협조했고, 우리는 모두 기분 좋은 경험을 할 수 있었습니다.

이 일을 통해 저는 다시 한번 강압과 명령보다는 공감과 설득이 훨씬 효과적이라는 사실을 배웠습니다. 다른 사람의 입장에서 상황을 바라보고, 그들의 의견을 존중하며 대화하는 법이 중요합니다.

누군가에게 요청할 때는 그 사람의 입장에서 생각해 보세요. 강압적으로 명령하기보다는, 상대방이 자발적으로 행동할 수 있게 이끌어 보세요. 문제를 해결할 때는 감정을 드러내기보다는 상대의 협력을 얻는 방법을 찾으세요. 이 방법은 불필요한 갈등을 줄이고, 더 좋은 결과를 얻는 데 도움이 됩니다. 상대방의 입장에서 상황을 이해하려는 노력이야말로 모든 관계를 발전시키는 첫걸

음입니다.

그러므로 상대방에게 불쾌함이나 적개심을 갖지 않게 하면서 그를 변화시키고 싶다면…

비결 8

진심으로 상대방의 관점에서 사물을 보려고 노력하세요.

모든 사람이 원하는 것

네 명 중 세 명은 공감에 목말라 있다

다른 사람과 갈등이나 논쟁이 있을 때, 악감정을 해소하고 호의를 이끌어내며 상대방이 주의 깊게 당신 말을 경청하도록 하는 방법이 있습니다. 바로 이 마법의 주문을 사용하는 것입니다.

"그렇게 생각하시는 것이 당연합니다. 저라도 틀림없이 그렇게 했을 겁니다."

알 카포네처럼 악명 높은 범죄자도 처음부터 그런 사람이 아니었습니다. 만약 당신이 알 카포네와 똑같은 성격, 사고방식, 환경, 경험을 지니고 자랐다면 당신도 그와 다르지 않았을 것입니다. 결국 사람을 만든 것은 그가 겪은 환경과 경험입니다.

지금의 당신은 스스로의 능력만으로 이루어진 존재가 아닙니다. 환경과 경험의 산물이기 때문에 누구도 완벽하지 않으며 모두 각자의 이유로 행동합니다. 다른 사람의 비이성적인 행동과 고집도 그들만의 이유가 있는 것입니다. 그러니 그들이 처한 상황과 배경을 이해하려 노력해야 합니다.

존 B. 거프는 술에 취해 거리를 헤매는 부랑자를 보며 이렇게 말했습니다.

"하느님의 은총이 없었다면 저기 가는 사람이 바로 나였을 것이다."

우리 역시 상황이 달랐다면 그와 다르지 않았을 수 있다는 사실을 잊지 말아야 합니다.

우리가 만나는 사람들 네 명 중 세 명은 공감과 이해를 절실히 필요로 합니다. 그들에게 진심으로 공감해 준다면 그들은 자연스럽게 여러분을 사랑하고 신뢰할 것입니다.

상대방의 생각에 공감하라

한 번은 라디오 방송에서 실수로 『작은 아씨들』의 작가 **루이자 메이 올콧**이 매사추세츠주 콩코드가 아닌 뉴햄프셔주 콩코드에서 살았다고 잘못 말했습니다. 그것도 두 번이나 반복된 실수였기에 전국 각지에서 비난과 항의의 편지가 쏟아졌습니다.

한 필라델피아에 사는 어떤 여성은 화난 마음을 가득 담아 몹시 모욕적인 편지까지 보냈습니다. 어찌나 모욕적인지 저는 속으로 '하느님, 이런 여자랑 결혼하지 않게 해 주셔서 감사합니다'라고 생각할 정도였습니다.

처음에 저는 그녀의 편지를 읽고 화를 참기가 어려웠습니다. 제 실수가 그렇게까지 크지는 않다고 생각했기 때문입니다. 상대방의 무례한 태도를 지적하며 반격하고 싶은 충동을 느꼈습니다. 하지만 이런 충동에 휘둘리지 않고 바보 같은 행동을 하지 않기로 결심했습니다.

"이 상황에서 가장 중요한 것은 내가 그녀의 입장에서 생각하는 거야. 내가 그 여자라면 나도 같은 감정을 느꼈을 거야."

비난에 맞서지 않고 오히려 공감하는 쪽을 택한 것입니다. 그래서 저는 그 부인에게 전화를 걸었습니다. 통화 내용은 이렇습니다.

나: 안녕하세요, 부인. 제가 며칠 전에 보내 주신 편지에 감사 인사를 드리고 싶어서 전화했습니다.

부인: (조금 날카로운 목소리로) 누구시죠?

나: 저는 데일 카네기입니다. 부인께서 제 방송에 관해 보내 주

신 편지에 대해 말씀드리려고요. 그때 제가 루이자 메이 올콧 여사가 뉴햄프셔주 콩코드에 살았다고 말한 건 정말 큰 실수였습니다. 그런 어이없는 실수를 해서 죄송합니다. 그리고 편지를 보내 주셔서 정말 감사드립니다.

부인: 아, 카네기 씨. 그 편지는 제가 감정적으로 쓴 거라 죄송합니다.

나: 아닙니다. 부인께서 사과하실 필요는 없어요. 잘못은 제가 했습니다. 사실, 학교에 다니는 아이들도 그런 실수는 하지 않을 텐데요. 그다음 주 방송에서 공개적으로 사과하긴 했지만, 그래도 부인께 따로 말씀드리고 싶었습니다.

부인: 사실 저는 매사추세츠주 콩코드 출신이에요. 저희 집안은 200년 넘게 그곳에서 살았고 콩코드에 대한 자부심이 아주 크죠. 그래서 그때 당신이 뉴햄프셔주라고 말했을 때 정말 화가 났어요. 하지만 지금은 그 편지를 보낸 게 좀 부끄럽네요.

나: 부인의 기분을 상하게 한 것 같아 저도 정말 속상합니다. 매사추세츠주의 명예를 더럽히려는 의도는 없었고, 그저 제가 실수한 것이죠. 그런데 이렇게 고운 말씀까지 해 주시다니 정말 감사합니다. 앞으로도 계속 지도해 주신다면 더 열심히 하겠습니다.

부인: 당신이 제 비판을 이렇게 받아주시니 정말 기분이 좋네

요. 당신이 대단한 분이라는 생각이 듭니다. 기회가 된다면 직접 만나 뵙고 싶네요.

이렇게 저는 그녀의 입장에서 공감하며 사과했습니다. 그랬더니 그녀도 제 입장을 이해하며 사과하더군요. 저는 화를 참은 것에 대해 큰 만족감을 느꼈고, 상대방의 모욕을 친절로 돌려주는 것이 얼마나 기분 좋은 일인지 깨달았습니다.

백악관에 있는 대통령들은 항상 사람들과의 관계에서 어려운 문제를 만납니다. 태프트 대통령도 마찬가지였죠. 그는 여러 경험을 통해 공감이 다른 사람의 화난 마음을 푸는 최고의 방법이라는 사실을 깨달았습니다. 그가 쓴 책 『공직자의 윤리』에 나오는 한 일화는 재미있으면서도 중요한 교훈을 줍니다.

워싱턴의 한 부인은 자신의 아들을 중요한 자리에 앉혀 달라고 몇 주 동안 태프트에게 부탁했습니다. 그녀는 남편의 정치적 영향력을 이용해 많은 상·하원 의원들에게 도움을 요청하고, 그들과 함께 백악관을 찾아와 계속 자리를 요구했습니다.

하지만 그 자리는 특별한 능력이 필요한 자리라 다른 지원자를 임명해야 했습니다. 결국 국장의 추천을 받아 다른 사람을 뽑자, 그 부인은 태프트에게 분노에 찬 편지를 보냈습니다.

"당신은 정말 배은망덕한 사람입니다! 저는 여러 의원들에게 부탁해서 당신이 원하는 법안이 통과되도록 도왔는데, 이렇게 배신하다니요!"

보통 이런 편지를 받으면 화가 나서 바로 답장을 쓰고 싶을 겁니다. 하지만 태프트는 그렇게 하지 않았습니다. 그는 화가 풀릴 때까지 그 편지를 서랍에 넣어 두고 기다렸죠. 며칠 뒤, 침착하게 편지를 꺼내 읽고 상냥하고 공감 어린 답장을 썼습니다.

"부인께서 어머니로서 실망하신 점은 충분히 이해합니다. 하지만 이 자리는 제가 마음대로 임명할 수 있는 것이 아닙니다. 자격이 있는 사람을 뽑아야 했기에 국장의 추천을 따랐습니다. 그래도 부인의 아들이 지금 자리에서도 충분히 성공할 수 있을 거라고 믿습니다."

이 편지를 받은 부인은 마음이 누그러졌는지 사과의 편지를 보냈습니다.

하지만 얼마 뒤, 이번에는 부인의 필체로 남편이 썼다는 또 다른 편지가 도착했습니다.

"제 아내가 이번 일로 신경 쇠약에 걸렸고, 이제는 심각한 위암 증세까지 보입니다. 그러니 부디 우리 아들을 임명해 주셔서 아내의 건강을 회복시켜 주십시오."

태프트는 이번에도 침착하게 답장을 보냈습니다.

"부인의 건강이 악화된 소식에 매우 마음이 아픕니다. 하지만 이 결정을 바꾸는 것은 불가능합니다."

며칠 뒤, 태프트는 백악관에서 열린 작은 음악회에서 그 부부를 만났습니다. 가장 먼저 인사하러 온 사람은 다름 아닌 그 남편과 부인이었습니다. 얼마 전만 해도 임종이 가까웠다던 바로 그 부인이었습니다.

태프트는 상대방의 감정을 이해하려고 노력했고, 침착한 태도와 공감으로 관계를 회복할 수 있었습니다.

아동 심리학자 아서 I. 게이츠 박사는 그의 책『교육 심리학』에서 이렇게 말했습니다.

'모든 사람은 공감을 받고 싶어 합니다. 아이들은 자신의 상처를 자랑하며, 심지어 더 큰 관심을 받으려고 일부러 다치기도 합니다. 어른들도 자신이 겪은 병이나 어려움에 대해 이야기하며 공감을 원합니다.'

그러므로 다른 사람을 자신의 생각대로 설득하고 싶다면…

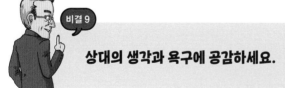

비결 9

상대의 생각과 욕구에 공감하세요.

모두가 좋아하는 호소

좀 더 고상한 동기에 호소하자

내가 자란 곳은 미주리주 변두리였고, 그곳은 미국 서부 역사상 가장 악명 높은 갱스터인 제시 제임스가 활동했던 커니 지역과 가깝습니다. 어느 날 나는 그의 농장을 방문했는데 아직도 그곳에는 제시 제임스의 아들이 살고 있었습니다. 그의 아내는 제시 제임스가 어떻게 기차를 강탈하고 은행을 털었는지, 그리고 이웃 농부가 대출금을 갚을 수 있도록 강탈한 돈을 나눠 준 이야기를 들려주었습니다.

제시 제임스는 아마 자신을 의적義賊이라고 생각했을지도 모릅니다. 더치 슐츠, 쌍권총 크로울리, 알 카포네 같은 범죄자들이 스스로를 정의로운 이상주의자라고 여기듯 말입니다.

이것은 사람의 본성입니다. 누구나 자신을 좋은 사람으로 생각하고 싶어 합니다.

미국의 은행가 존 피어몬트 모건은 사람들이 어떤 행동을 할 때 두 가지 이유가 있다고 말합니다. 첫 번째는 겉으로 그럴듯해 보이는 이유이고, 두 번째는 진짜 이유입니다.

사람들은 겉으로 보이는 그럴듯한 이유를 중요하게 여깁니다. 하지만 속에 있는 진짜 이유에 대해서는 잘 이야기하지 않습니다. 왜냐하면 모든 사람은 마음속으로는 이상주의자이기 때문입니다. 그래서 사람을 변화시키고 싶다면 조금 더 고상한 동기에 호소해야 합니다.

이제 이 원칙이 실제로 어떻게 적용되는지 해밀턴 파렐의 경험을 통해 살펴보겠습니다.

파렐 미첼사의 사장인 파렐은 세입자로부터 계약 기간이 남았음에도 불구하고 이사를 가겠다는 통보를 받았습니다.

파렐이 만약 감정적으로 대응했다면, 계약서의 내용을 들어 세입자에게 법적 책임을 강하게 주장할 수 있었습니다. 하지만 파렐은 감정적 대립이 아니라 신뢰를 바탕으로 해결하는 방법을 선택합니다.

파렐은 세입자에게 그가 약속을 지킬 사람이라는 믿음을 보여주며 말했습니다.

"처음 뵈었을 때 저는 당신이 약속을 지키는 사람이라는 것을 알 수 있었습니다. 며칠 동안 다시 생각해 보시고 다음 달에 손해를 감수하고서라도 이사하기로 결정하신다면 그 결정을 존중하겠습니다. 저는 선생님께서 약속이나 계약 사항을 지키실 분이라 믿고 있습니다. 무엇보다 우리가 사람이냐 원숭이냐 하는 것은 결국 우리 자신의 선택에 달려 있는 것 아니겠습니까?"

파렐은 강압적이거나 법적 위협을 하지 않고 선택권을 세입자에게 넘겼습니다.

세입자와 그의 아내는 논의 끝에 계약 기간을 준수하기로 결정하고 다음 달에 임대료를 지불했습니다. 그들은 파렐이 신뢰를 기반으로 대우해 준 것에 보답하며 계약을 이행한 것입니다.

영국의 유명한 일간지 「데일리 메일」을 창간한 노스클리프의 이야기입니다. 이 신문에는 노스클리프의 사진이 실렸고 앞으로도 계속 실릴 예정이었습니다. 하지만 노스클리프는 그의 사진이 공개되는 걸 바라지 않았죠. 그는 화가 났지만, 단순히 "이 사진 쓰지 마세요. 공개하기 싫습니다"라고 말하지 않았습니다. 대신 더 특별한 방법을 사용했어요.

그는 편집장에게 보내는 편지에 이렇게 썼습니다.

'제 사진을 더는 사용하지 말아 주세요. 저희 어머니께서 좋아하지 않으십니다.'

이 말에 편집장은 공감했고, 더는 그 사진을 신문에 싣지 않았어요. 사람들의 어머니에 대한 사랑과 존중을 이용한 방법이 효과적이었던 것입니다.

존 D. 록펠러 2세도 비슷한 상황을 겪었어요. 기자들이 그의 아이들을 따라다니며 사진을 찍으려 했거든요. 록펠러는 단순히 "사진 찍지 마세요"라고 하지 않았습니다. 대신, 아이를 사랑하는 부모의 마음에 호소했어요.

"여러분도 아시잖아요. 자녀가 있는 분들은 잘 아실 텐데, 얼굴이 너무 알려지면 아이들에게 좋지 않습니다."

이렇게 상대방이 공감할 만한 따뜻한 말을 사용한 덕분에 기자들은 록펠러의 부탁을 이해하고 따르게 되었습니다.

백만장자 사이러스 H. K. 커티스는 원래 메인주에서 가난한 소년으로 자랐습니다. 그는 나중에 「새터데이 이브닝 포스트」와 「레이디스 홈 저널」이라는 잡지를 소유한 대단한 사업가가 되었죠. 하지만 커티스에게 처음부터 모든 것이 순조로웠던 것은 아닙니다.

초창기 시절, 그는 돈이 부족해 유명 작가들에게 글을 써 달라고 부탁하는 데 어려움이 많았습니다. 그러자 커티스는 작가들의 따뜻한 마음에 호소하기로 했어요. 예를 들어, 그가 『작은 아씨들』의 작가 루이자 메이 올콧에게 글을 부탁할 때가 그랬어요. 커티스는 그녀의 명성에 걸맞은 원고료를 줄 수 없었기 때문에 이렇게 제안했어요.

"올콧 여사님, 원고료는 드리지 않겠지만, 대신 당신이 아끼는 자선단체에 수표를 보내겠습니다."

이 아이디어는 효과가 있었고, 커티스는 결국 그녀로부터 원하던 글을 받아 낼 수 있었습니다. 돈만이 사람을 움직이는 유일한 방법은 아닙니다. 상대방이 중요하게 생각하는 것을 이해하고 그것에 맞춰 다가가는 것이 더 효과적일 수 있습니다.

예전에 카네기 인간관계 수업을 들었던 제임스 L. 토머스가 겪은 일입니다. 그는 자동차 회사에서 일했는데, 어느 날 고객 6명이 서비스 요금을 내지 않겠다고 했습니다. 고객들은 총 금액에는 불만이 없었지만, 각각의 청구서에 작은 오류가 있다고 주장했습니다. 회사 입장에서는 고객들이 서비스받을 때 동의하고 서명까지 했으니 문제없다고 생각했지만 이게 실수였습니다.

회사에서는 강압적인 방식으로 고객들에게 돈을 받으려고 했어요.

"지금까지 안 낸 요금을 받으러 왔습니다"라며 무뚝뚝하게 말했습니다. 그러면서 회사는 실수하지 않았으니 고객이 틀렸다고 주장했지요. 자동차에 있어서는 회사가 더 전문가니까 고객들은 다툴 필요가 없이 따르라고 암시했습니다. 과연 돈을 받을 수 있

191

었을까요? 고객과 싸움이 벌어졌을 뿐입니다.

이런 방법으로는 고객의 마음을 돌릴 수 없었습니다. 그래서 법적 조치를 취하려 했지만, 지사장이 이 문제를 알게 되었습니다. 지사장이 고객들을 조사해 보니 그들이 이전에는 항상 제때 돈을 냈던 사람들이라는 사실을 알게 되었습니다. 지사장은 뭔가 오해가 있다고 생각하고 제임스 토머스가 문제를 해결하도록 지시했습니다.

토머스는 고객을 직접 찾아가서 돈을 받으러 온 게 아니라 먼저 서비스에 문제가 없었는지 물었습니다. 그러곤 고객의 이야기를 끝까지 듣고 쉽게 판단하지 않았습니다.

"고객님이 차에 대해 제일 잘 아시죠"라며 고객의 의견을 존중했습니다. 그는 고객의 이야기를 주의 깊게 듣고 공감하며 이해하는 모습을 보여 주었지요. 마지막으로 "이번에 직원이 실수를 해서 불편을 끼쳐 죄송합니다. 제가 회사를 대신해 사과드립니다"라고 말한 뒤 이렇게 제안했습니다.

"이 청구서를 고객님이 직접 고쳐 주세요. 사장님이라면 어떻게 하셨을까요?"

놀랍게도 대부분의 고객이 회사가 청구한 금액을 그대로 지불했습니다. 단 한 명만이 문제가 된 항목에 대해서는 돈을 낼 수 없다고 했을 뿐입니다. 더 놀라운 사실이 있습니다. 그 고객들이 2년

안에 새 차를 주문했다는 점입니다.

토머스는 이 경험을 통해 사람들은 대부분 정직하고 책임감이 있다는 사실을 깨달았어요. 심지어 누군가가 속이려 해도 상대방을 믿고 존중하면 그들도 좋은 마음으로 대하게 된다는 사실을 알게 되었지요.

그러므로 여러분의 생각대로 사람을 설득하고자 한다면…

비결 10

상대의 고상한 동기에 호소하세요.

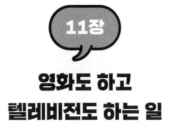

11장
영화도 하고
텔레비전도 하는 일

여러분의 생각을 극적으로 표현하자

「필라델피아 이브닝 불러틴」 신문은 악의적인 소문과 광고주들의 불만으로 어려운 상황에 놓였습니다. 신문 지면에 광고가 너무 많아 독자들이 신문을 외면하고 있다는 소문이 빠르게 퍼지고 있었던 것입니다.

과연 어떻게 대처했을까요? 신문사는 「필라델피아 이브닝 불러틴」에 실린 모든 기사를 모아 분류했습니다. 그리고는 307페이지에 달하는 책을 제작해 발간했습니다. 한 권에 2달러를 받아도 충분해 보였지만, 책값은 겨우 2센트에 불과했습니다. '하루'라는 제목의 이 책은 신문이 어마어마한 양의 읽을거리를 제공한다는 사실을 증명하는 자료였습니다.

194

이 책은 논리적 주장보다 강력한 효과를 발휘했습니다. 사람들에게 이 신문이 얼마나 많은 정보와 재미있는 콘텐츠를 제공하는지 극적으로 보여 주었고, 인상적인 증거가 되어 소문을 잠재웠습니다.

케네스 구드와 젠 키우프만의 저서 『사업상의 쇼맨십』은 창의적인 연출을 통해 매출을 크게 향상시킨 다양한 사례를 소개합니다. 이 책은 마케팅과 판매의 효과적인 방법을 구체적으로 보여 줍니다. 또한, 흥미로운 실험과 유명 인사의 영향력을 활용한 성공적인 마케팅 전략을 설명합니다. 몇 가지만 소개해 볼까요. 독일의 일렉트로룩스 냉장고는 소음이 거의 없다는 점을 강조하기 위해 고객의 귀에 성냥 긋는 소리를 들려주며 극적인 효과를 보여 주었습니다. 카탈로그 마케팅 업체 시어스 로벅은 1. 9달러짜리 모자에 배우 앤 소던의 서명을 넣어 유명 인사를 활용한 마케팅으로 매출을 크게 증대했지요. 조지 웰바움은 쇼윈도에 전시된 상품이 움직이다 멈추면 이를 지켜보던 80%의 사람들이 흥미를 잃는다는 사실을 실험으로 증명했습니다. 월트 디즈니사는 미키 마우스가 어떻게 백과사전에 오를 수 있었는지와 그 이름을 붙인 장난감 덕분에 망해 가던 회사가 어떻게 극적으로 파산을 벗어날 수 있었는지를 보여 줍니다. 또한 우연히 사탕 진열대에 조명을 설치한 뒤 매출이 두 배로 증가했다는 이야기나 크라이슬러가 자사 차

195

량의 견고함을 입증하기 위해 코끼리를 차량 위에 올라가게 하는 퍼포먼스를 진행했다는 일화도 설명합니다.

뉴욕 대학의 리처드 보덴과 앨빈 뷔스는 15,000건의 영업 면담을 분석한 뒤, 그 내용을 『토론에서 이기는 법』이라는 책으로 엮었습니다.

이 책에서는 영업의 여섯 가지 원칙을 소개하며, 이를 실제로 적용해 청중 앞에서 좋은 판매와 나쁜 판매의 차이를 보여 주는 실험을 진행했습니다. 이 강좌는 영화로도 제작되어 수백 개의 대기업 영업사원들이 교육용 자료로 활용했습니다.

제임스 B. 보인튼은 「아메리칸 위클리」라는 잡지의 직원이었어요. 그가 해야 할 일은 시장 조사 보고서를 설명하는 것이었죠. 회사에서 만든 콜드크림에 대한 조사를 끝낸 뒤, 이 제품이 경쟁사와의 가격 경쟁에서 어떻게 살아남을 수 있을지 분석한 자료를 고객에게 보여 줘야 했습니다. 그런데 이 고객은 광고 업계에서 아주 유명한 사람이었기 때문에 긴장감이 컸어요.

보인튼은 첫 번째 브리핑에서 실패하고 맙니다.

"처음 브리핑할 때 조사 방식에 대해 쓸데없이 논쟁을 했어요. 고객이 제가 틀렸다고 하면 저는 아니라고 하며 맞섰죠. 결국 제가 옳다는 걸 증명하는 데 성공했지만, 시간이 다 흘러 버렸고 정작 중요한 이야기는 하지 못한 채 끝나 버렸어요."

보인튼은 다시 힘을 내서 두 번째 브리핑을 준비합니다. 두 번째 브리핑에서는 새로운 방법을 시도했어요. 이번엔 숫자와 복잡한 설명 대신 눈에 띄는 방식으로 준비했죠. 고객의 사무실로 들어가니 그는 전화 통화 중이었어요. 그동안 보인튼은 가방에서 콜드크림 32통을 꺼내 그의 책상 위에 올려 두었습니다. 이 크림들은 모두 경쟁사 제품이었어요. 그리고 각 병마다 조사한 내용을 적은 메모를 붙여 설명할 준비를 했습니다.

과연 이번에는 어떻게 되었을까요?

"성공했습니다. 놀랍게도 논쟁은 전혀 없었어요. 새로운 방식 덕분이죠! 고객은 병을 하나하나 집어 들고 흥미롭게 메모를 읽었으며 대화로 자연스럽게 이어졌어요. 추가 질문도 여러 개 받았고요. 원래 저에게 10분만 주어졌던 브리핑 시간이 20분, 40분, 결국 1시간 넘게 계속되었습니다. 사실 첫 번째와 두 번째 브리핑 내용은 같았지만, 극적인 연출과 쇼맨십 덕분에 완전히 다른 결과를 얻을 수 있었어요."

지금은 '연출'의 시대입니다. 단순히 어떤 사실을 말하는 것만으로는 충분하지 않습니다. 사람들의 관심을 끌려면 생생하고 재미있게 보여 줘야 해요. 마치 영화, 라디오, 티브이 프로그램처럼 극적인 연출이 필요합니다.

쇼맨십Showmanship을 발휘해야 한다는 말이죠. 사람들의 관심

197

을 사로잡기 위해 우리가 어떤 사실이나 아이디어를 매력적으로 표현해야 하는 거예요.

전문가들은 이런 연출의 힘을 잘 알고 있습니다. 예를 들어, 새로운 쥐약을 개발한 한 회사는 대리점의 쇼윈도에 살아 있는 쥐 두 마리를 전시했어요. 그러자 사람들이 관심을 가지기 시작했고, 그 주의 판매량이 평소보다 다섯 배나 증가했습니다.

단순히 옳음을 증명하려고만 하지 마세요. 당신의 아이디어를 극적으로 표현해 보세요. 창의적인 연출은 고객의 흥미를 끌고, 논쟁 없이도 상대방의 마음을 움직이게 합니다.

그러므로 당신의 생각대로 사람을 설득하고자 한다면…

비결 11

당신의 생각을 극적으로 표현하세요.

이 모든 방법이
소용 없을 때

도전 정신을 불러일으키자

찰스 슈워브는 베들레헴 스틸 회사의 한 공장을 관리했어요. 하지만 그 공장은 생산량이 기대에 미치지 못하고 있었죠. 슈워브는 공장장에게 물었습니다.

"당신처럼 유능한 사람이 이 공장을 관리하는데 왜 실적이 오르지 않죠?"

공장장은 답했어요.

"직원들을 달래기도 하고, 혼내기도 했어요. 심지어 해고하겠다고 협박도 해 봤지만 소용이 없었습니다. 직원들이 일을 열심히 하지 않으려 해요."

이때는 저녁 시간이라 야간 근무조가 막 교대할 준비를 하고 있

199

었습니다. 슈워브는 분필을 하나 달라고 말한 뒤 근처에 있는 직원에게 물었습니다.

"오늘 하루 동안 용해 작업을 몇 번 했나요?"

직원은 대답했습니다.

"여섯 번 했습니다."

슈워브는 아무 말 없이 바닥에 '6'이라고 적고 떠났습니다.

밤에 야간 근무조가 들어와서 바닥에 적힌 '6'이라는 숫자를 보고 물었습니다.

"이게 뭐죠?"

주간 근무자는 대답했어요.

"사장님이 오셔서 오늘 몇 번 작업했냐고 물으셔서 여섯 번 했다고 했더니 저렇게 적어 놓고 가셨어요."

다음 날 아침 슈워브가 공장에 가 보니 야간 근무조가 바닥에 적힌 '6'을 지우고 '7'이라고 적어 놓았습니다. 아침에 출근한 주간 근무조는 그 숫자를 보고 생각했어요.

'야간 근무조가 우리보다 더 많이 일했다고? 절대 질 수 없지!'

그날 주간 근무조는 열심히 일했고, 퇴근할 때는 '10'이라고 바닥에 적고 떠났습니다.

이후 주간 근무조와 야간 근무조는 서로 이기려고 더 열심히 일하기 시작했습니다. 그 공장은 결국 가장 많은 생산량을 기록하는 공장이 되었습니다.

슈워브는 이렇게 말했습니다.

"경쟁심을 자극하는 것이 일을 잘하게 만드는 방법입니다. 하지만 이 경쟁은 탐욕이나 돈을 위한 것이 아닙니다. 다른 사람보다 더 잘하고 싶다는 마음에서 나오는 건강한 경쟁이죠."

더 탁월해지고자 하는 욕구! 도전 정신! 과감하게 경쟁하는 것! 이런 것들이야말로 패기 있는 사람들을 설득할 가장 확실한 방법입니다.

도전이 역사를 바꾸다

에스파냐 전쟁 영웅 시어도어 루스벨트도 도전 정신을 통해 자신의 인생과 미국의 역사를 바꿨습니다. 전쟁 뒤, 루스벨트는 뉴욕 주지사 선거에 나섰으나 반대파는 그가 뉴욕의 합법적인 거주자가 아니라며 그의 자격을 문제 삼았습니다. 이에 그는 출마를 포기하려 했지만 상원의원 토머스 콜리어 플랫이 그의 도전 의식을 자극했습니다.

"에스파냐 전쟁의 영웅이 갑자기 겁쟁이가 되었단 말인가?"

이 말에 자극받은 루스벨트는 싸움을 포기하지 않고 끝내 뉴욕 주지사에 당선되었습니다. 그의 도전 정신은 루스벨트 개인뿐만 아니라 미국 역사에 큰 영향을 미쳤습니다.

도전 정신은 사람의 내면에서 최고의 동기를 이끌어 내는 강력한 도구입니다. 뉴욕 주지사 알 스미스 역시 이를 잘 이해하고 있었습니다. 그는 악명 높은 범죄자들을 관리해야 하는 싱싱 교도소의 교도소장을 임명해야 했습니다. 그곳은 정치적 스캔들이 끊이지 않았고, 교도소장은 잦은 교체로 인해 오래 버티기 힘든 자리였습니다. 알 스미스 주지사는 이 문제를 해결할 강력한 인재를 찾아야 했습니다.

스미스는 뉴햄프턴의 루이스 E. 로스에게 물었습니다.

"싱싱 교도소를 맡아 줄 수 있겠나? 그곳은 경험이 많은 사람이 필요하네."

로스는 이 자리가 얼마나 위험한지 잘 알고 있었습니다. 직업적 위험과 경력을 고려하느라 쉽게 결정을 내리지 못했습니다. 로스의 망설임을 눈치챈 스미스는 그의 도전 정신을 자극하기로 결심했습니다. 그는 의자에 등을 기댄 채 미소를 지으며 말했습니다.

"그래. 자네가 겁먹는 걸 탓할 생각은 없네. 그 자리는 위험하니까 말이야. 내가 거물급 인사를 찾아보지. 자네는 그런 위험을 감수할 필요 없겠군."

이 말은 로스의 자존심과 도전 의식에 불을 질렀습니다.

그는 자신이 이 위험한 자리를 맡아 도전해 보고 싶다는 열정을 느꼈고, 결국 싱싱 교도소장으로 부임하게 됩니다. 루이스 로스는 교도소장으로 오랫동안 일하며 뛰어난 성과를 거뒀습니다. 그의 경험을 담은 책『싱싱 교도소에서의 2만 년』은 수십만 부가 판매되었습니다.

그는 방송에 출연하며 자신의 이야기를 들려주었고, 그의 교도소 이야기를 바탕으로 수십 편의 영화가 제작되었습니다. 수감자들을 인간적으로 대하는 로스의 교화 방식은 미국 전체 교도소에 새로운 문화를 만들었습니다.

파이어스톤이라는 미국 타이어 제조 회사를 설립한 하비 S. 파이어스톤은 이렇게 말했습니다.

"돈만으로는 인재를 데려 오거나 붙잡아 둘 수 없습니다. 정말 중요한 것은 게임 그 자체입니다."

사람들은 돈보다 도전과 성취의 기회를 갈망합니다. 자신의 가치를 증명하고 타인을 능가하며 인정받고자 하는 욕구는 강력한 동기가 됩니다. 사람들이 단순한 경주나 게임, 심지어 파이 먹기 대회까지 참여하는 이유는 인정받고 싶은 욕망과 도전 정신 때문입니다.

도전 정신으로 설득하세요. 도전 정신은 용기 있고 열정적인 사람들을 움직이는 최고의 도구입니다.

그러므로 여러분의 생각대로 사람, 특히 용기와 기개가 넘치는 사람을 설득하고 싶다면…

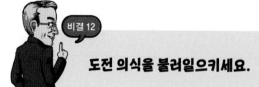

비결 12

도전 의식을 불러일으키세요.

상대방을 설득하는 12가지 비결

1. 논쟁에서 이기는 유일한 방법은 그것을 피하는 것이다.

**2. 상대의 의견을 존중하고,
절대로 그가 '틀렸다'고 지적하지 말라.**

3. 잘못했을 때는 빨리, 그리고 분명하게 그것을 인정하라.

4. 우호적으로 시작하라.

5. 상대가 기꺼이 "네"라고 말하게 하라.

6. 다른 사람이 말을 많이 하도록 만들어라.

7. 상대가 스스로 생각해 냈다고 느끼게 하라.

8. 진심으로 상대방의 관점에서 사물을 보려고 노력하라.

9. 상대의 생각과 욕구에 공감하라.

10. 상대의 고상한 동기에 호소하라.

11. 당신의 생각을 극적으로 표현하라.

12. 도전 의식을 불러일으켜라.

4부

감정을 상하게 하지 않고
상대를 변화시키는 9가지 비결

굳이 비판을 해야 한다면

감사와 칭찬의 말로 시작하자

캘빈 쿨리지가 대통령이던 시절, 그의 친구 한 명이 주말 동안 백악관을 방문하게 되었어요. 친구가 대통령의 집무실에 들어서자 쿨리지 대통령이 비서에게 이렇게 말하는 걸 들었죠.

"오늘 입은 옷이 정말 예쁘군요. 역시 매력적인 분이세요."

비서는 평소 말수가 적던 대통령이 처음으로 자신에게 이런 칭찬을 해 주는 바람에 깜짝 놀라 얼굴이 빨개졌습니다. 그러자 대통령이 웃으며 이렇게 덧붙였어요.

"너무 자만하지 말아요. 당신 기분을 좋게 해 주고 싶어서 한 칭찬이니까. 그런데 앞으로는 문장 부호 사용에 좀 더 신경 써 줬으면 좋겠어요."

이 이야기에서 알 수 있듯이 **사람은 칭찬을 먼저 들으면 나중에 듣는 지적을 더 쉽게 받아들일 수 있습니다.** 이것은 마치 이발사가 손님의 면도를 하기 전에 얼굴에 비누칠을 하는 것과 같아요. 부드럽게 준비한 뒤에 일을 시작하는 것이죠.

1896년 매킨리 대통령 선거 때도 비슷한 상황이 있었어요. 어느 공화당원이 열정적으로 연설문을 써 왔는데 스스로 그 연설문이 역사 속 명연설보다도 뛰어나다고 생각했습니다. 그는 매킨리 앞에서 그 연설문을 큰 소리로 읽었죠. 몇 가지 좋은 부분이 있었지만 전체적으로 그 연설문은 선거에 썩 적합하지 않았어요. 그대로 사용했다가는 비판을 받을 게 뻔했습니다.

매킨리는 그 사람의 열정을 꺾고 싶지 않았지만 연설문을 사용할 수 없다는 말은 해야 했어요. 어떻게 이 문제를 해결했을까요? 매킨리는 이렇게 말했어요.

"이거 정말 멋지고 훌륭한 연설이군요. 어떤 사람도 이보다 나은 연설을 준비하기 어려울 겁니다. 중요한 지적들이 많이 담겨 있네요. 그런데 이번 대선에서는 이 내용이 적절할지 조금 걱정이 됩니다. 개인 입장에서는 맞는 이야기지만, 정당의 입장에서 볼 때는 조금 조정이 필요할 것 같군요. 집에 가서 이 점을 고려해 새로 작성한 연설문을 보내 줄 수 있겠어요?"

그 공화당원은 매킨리의 조언에 따라 연설문을 고쳐서 다시 보냈습니다. 매킨리는 그가 더 나은 연설문을 작성할 수 있도록 도와주었고, 그 결과 그 사람은 선거 기간 동안 가장 영향력 있는 연설가 중 한 명이 되었습니다.

칭찬은 상대방의 마음을 열어 주는 열쇠입니다. 먼저 긍정적인 점을 인정하면, 그다음에는 부족한 부분을 말해도 상대방이 기분 나빠하지 않고 받아들일 가능성이 높아요.

링컨이 쓴 편지

에이브러햄 링컨이 쓴 편지 중 가장 유명한 것은 전쟁에서 다섯 명의 아들을 잃은 빅스비 여사에게 보낸 애도의 편지입니다. 그 다음으로 유명한 편지는 1863년 3월 26일, 미국 남북 전쟁 중에 쓴 편지입니다. 이 편지는 링컨이 단 5분 만에 썼다고 알려져 있으며, 1926년 경매에서 1만 2,000달러에 팔렸어요. 이 금액은 링컨이 평생 동안 일해도 모으기 어려운 큰돈이었습니다.

1863년은 북군이 계속해서 패배를 겪던 힘든 시기였어요. 링컨이 임명한 장군들은 1년 6개월 동안 전투에서 이기지 못했죠. 수많은 목숨만 희생된 채 전쟁에서 별다른 성과는 없었습니다. 국민들은 불안과 두려움에 떨었고, 많은 병사들이 군대를 떠나버리기까지 했습니다. 심지어 링컨과 같은 당(공화당) 사람들조차 링컨의

211

사퇴를 요구했습니다.

링컨은 절망하며 이렇게 말했어요.

"우리는 지금 파멸의 위기에 처해 있습니다. 하느님조차도 우리를 버리신 것 같습니다. 저는 이제 희망의 빛조차 보이지 않습니다."

이처럼 암울한 상황에서 링컨은 문제를 일으키는 후커 장군에게 편지를 써야 했습니다. 그럼에도 링컨은 후커 장군을 비판하기 전에 칭찬부터 했다는 점을 기억해야 합니다. 다음은 링컨이 후커 장군에게 보낸 편지입니다.

후커 장군에게

저는 당신을 포토맥 부대의 지휘관으로 임명했습니다.

저는 당신이 용감하고 능력 있는 군인이라고 생각합니다. 또한 정치와 군사 업무를 구분할 줄 아는 점도 매우 좋게 보고 있습니다.

하지만 문제도 있습니다. 번사이드 장군의 지휘 아래 있을 때, 당신은 명령에 불복종하며 자신의 야심을 드러냈던 일이 있었습니다. 이로 인해 다른 장군들과 국가에 큰 피해를 입힌 것은 매우 유감스러운 일입니다.

저는 최근 당신이 "군대와 국가에는 독재자가 필요하다"라고 말했다는 이야기를 들었습니다. 제가 당신을 지휘관으로 임명한 것은 그런 말을 했기 때문이 아니라, 그럼에도 불구하고 당신의 능력을 믿었기 때문입니다.

오직 군사적으로 성공한 사람만이 독재자가 될 수 있습니다. 저와 정부가 진정으로 바라는 것은 군사적인 성공입니다. 만약 당신이 성공한다면 독재라도 감수할 수 있습니다.

정부는 최선을 다해 당신을 지원할 것입니다. 다른 장군들에게도 그래왔듯이 앞으로도 그럴 것입니다. 그러나 당신이 부대 내에서 동료 장군을 비난하게 만든 분위기가 결국 당신에게 부정적으로 돌아올까 봐 걱정됩니다.

이런 분위기가 계속된다면 나폴레옹이 부활한다 해도 승리할 수 없을 겁니다. 그러니 경솔한 말과 행동은 삼가고 부대를 이끌어 승리로 나아가 주기 바랍니다.

필라델피아의 와크 컴퍼니에서 일하는 W. P. 거는 공사 마감일이 다가오는 상황에서 큰 문제에 부딪혔습니다. 건물 외벽에 사용할 장식용 청동을 납품해야 할 하청업체가 기한 내에 납품할 수 없다고 통보한 것입니다. 만약 청동이 제때 도착하지 않는다면 공사는 멈추고, 회사는 큰 손해를 보게 될 상황이었습니다.

거는 여러 번 전화로 논쟁을 벌였지만 소용없었습니다. 결국 그는 하청업체의 사장과 직접 만나기 위해 뉴욕으로 향했습니다.

거는 사장실에 들어서며 뜻밖의 화제로 대화를 시작했습니다.

"사장님과 같은 존함을 지닌 사람이 브루클린에 단 한 명뿐이라는 사실을 아시나요?"

사장은 흥미를 보이며 자랑스럽게 자신의 가족 역사를 이야기했습니다.

"저희 집안은 200년 전에 네덜란드에서 이곳으로 이주했습니다."

거는 사장의 이야기를 잘 들어주면서 공장을 둘러보며 사장에게 그의 공장을 진심으로 칭찬했습니다.

"제가 본 공장 중에 가장 깔끔하게 운영되는 곳입니다. 이 기계는 정말 인상적이네요. 경쟁업체와 비교해도 훨씬 뛰어난 점이 많습니다."

사장은 자신이 직접 개발한 기계를 자랑하며 상세히 설명했고, 점심 식사까지 제안했습니다. 이 모든 시간 동안 거는 청동 납품 문제에 대해 한마디도 꺼내지 않았습니다.

점심 식사가 끝난 뒤 사장은 웃으며 말했습니다.

"사실 당신이 왜 여기 왔는지 알고 있습니다. 하지만 이렇게 즐거운 시간을 보낼 줄은 몰랐네요. 필라델피아로 돌아가셔서 제가 다른 주문을 미루더라도 귀사의 주문은 제 날짜에 납품하겠다고 약속했다고 전해 주세요."

거는 한마디의 요청도 없이 자신이 원했던 결과를 얻었습니다. 청동은 제때 도착했고, 건물은 계약한 날짜에 완공할 수 있었습니다. 만약 거가 고압적인 태도로 협박하거나 강압적인 방법을 썼다면 이런 결과를 얻지 못했을 것입니다.

그러므로 반감이나 반발을 일으키지 않으면서 상대를 변화시키고 싶다면…

비결 1

칭찬과 감사의 말로 시작하세요.

4부 | 감정을 상하게 하지 않고 상대를 변화시키는 9가지 비결

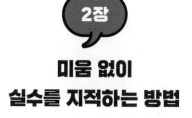

미움 없이
실수를 지적하는 방법

잘못을 지적하지 않고 상대를 바꾸어 보자

어느 날 찰스 슈워브가 자신의 제철 공장을 둘러보던 중 몇 명의 직원들이 담배를 피우는 모습을 보게 되었습니다. 그들의 머리 위에는 '금연'이라고 쓰인 안내문이 붙어 있었죠. 슈워브는 직원들에게 "여기 금연이라고 써 있는 거 안 보여?"라고 화를 냈을까요? 아니었습니다. 슈워브는 다른 방법을 사용했어요. 그는 직원들에게 다가가 시가 한 개비씩을 건네며 이렇게 말했습니다.

"자네들, 이 시가를 밖에 나가서 피워 주면 정말 고맙겠네."

이 말에 직원들은 자신들이 규칙을 어겼다는 사실을 깨달았지만, 슈워브가 화를 내거나 비난하지 않고 오히려 선물을 주며 존중해 주고 있다고 느꼈습니다. 이런 상사라면 누구라도 좋아하지 않을까요?

워너메이커 백화점의 설립자인 존 워너메이커도 비슷한 방법을 사용했습니다.

어느 날 그는 매장을 둘러보던 중 계산대에 줄 서 있는 여성 고객을 보았어요. 그런데 판매 사원들은 그 고객을 무시하고 자기들끼리 웃고 떠드는 데 열중했죠.

워너메이커는 화내지 않고 조용히 그 고객에게 다가가 직접 계산을 해 주었습니다. 그런 다음 직원들에게 물건을 포장하게 한 뒤 매장을 떠났죠. 이렇게 행동으로 보여 준 그의 태도는 직원들에게 강한 인상을 남겼습니다.

1887년 3월 8일 유명한 설교자 헨리 워드 비처 목사가 세상을 떠났습니다. 라이먼 애벗이 그의 자리를 대신해 교회에서 설교하게 되었어요. 애벗은 열심히 설교문을 작성했습니다. 설교문을 쓰고 또 쓰고 고쳐 썼습니다. 그러곤 아내에게 읽어 주었지요. 그런데 그 내용이 너무 딱딱하고 지루했습니다.

그의 아내가 판단력이 부족한 사람이라면 "여보, 이 설교문 너무 이상해요. 이걸 그대로 읽으면 사람들이 다 졸 거예요"라고 말했을 것입니다. 그러면 애벗은 속상해하고 화가 났겠죠. 하지만 그의 아내는 이렇게 말했습니다.

"여보 이 설교는 「노스 아메리칸 리뷰」에 실리면 아주 멋질 것 같아요!"

그러니까 아내는 이 설교문이 글은 매우 잘 썼지만, 설교로는 좋지 않음을 슬쩍 암시한 것입니다. 결국, 애벗은 설교문을 찢어 버리고 메모 없이 자연스럽게 설교를 했습니다.

상대방의 실수를 바로 지적하면 마음이 상할 수 있어요. 하지만 슈워브, 워너메이커, 애벗의 아내처럼 부드럽고 간접적으로 실수를 지적한다면 상대방도 기분 좋게 받아들일 수 있을 것입니다.

그러므로 반감이나 반발을 일으키지 않으면서 상대를 변화시키고 싶다면…

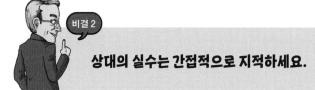

비결 2

상대의 실수는 간접적으로 지적하세요.

자신의 잘못을
먼저 이야기하라

나 역시 완벽하지 않다

수년 전, 내 조카 조세핀 카네기가 뉴욕으로 와서 내 비서로 일하기 시작했습니다. 당시 그녀는 19살이었고 사회 경험도 거의 없었죠. 지금은 아주 유능한 비서가 되었지만 처음에는 실수도 많이 했어요.

어느 날, 조세핀을 야단치려고 하다가 문득 이런 생각이 들었어요.

'잠깐만, 데일 카네기. 너는 나이도 조세핀보다 두 배나 많고, 사회 경험은 수백 배 더 많잖아. 그런데 어째서 그 아이가 네 생각처럼 완벽하게 행동하길 기대하는 거야? 너도 19살이었을 때는 바보 같은 실수를 수도 없이 저질렀잖아.'

그제야 나는 조세핀이 나보다 훨씬 잘하고 있다는 사실을 깨달았어요. 그런데도 나는 그녀를 제대로 칭찬하지 않았던 거예요. 그 이후로 조세핀의 실수를 지적하고 싶을 때는 이렇게 말했어요.

"조세핀, 네가 실수를 했구나. 하지만 네 실수는 내가 너만 할 때 저지른 실수에 비하면 아무것도 아니야. 사실, 나는 네가 참 잘하고 있다고 생각해. 하지만 만약 이렇게 해 봤다면 더 좋은 결과가 나왔을 거야. 너도 그렇게 생각하지 않니?"

만약 꾸짖는 사람이 자신 역시 완벽하지 않음을 겸손하게 인정하며 말문을 연다면 상대방도 기분이 상하지 않고 더 잘 받아들일 것입니다.

겸손과 칭찬은 인간관계의 기적을 낳는다

1909년 독일 제국의 수상 베른하르트 폰 뷜로는 한 가지 어려운 문제에 직면합니다. 당시 독일 황제 **빌헬름 2세**는 여러 공식 석상에서 경솔하고 무례한 발언을 남발해 국제적 논란을 일으켰습니다.

빌헬름 황제는 "자신만이 영국 국민에게 호감을 느끼는 유일한 독일인"이라거나 "독일은 일본의 침략

빌헬름 2세(재위 1888~1918)는 독일 제국의 제2대 황제이자 프로이센의 왕이었다. 독일이 제1차 세계대전에서 패배하자 네덜란드로 망명했다.

에 대항할 해군을 키우고 있다"거나 "자신만이 러시아와 프랑스에 짓밟혀 굴욕당하는 영국을 구해 주었다"라든가 "영국의 로버츠 경이 남아프리카의 보어인에게 승리를 거둔 것은 사실 자신이 세운 군사 계획 덕분이다" 따위의 망언을 쏟아 냈습니다. 영국을 비롯한 여러 나라에 대해 지나치게 공격적인 발언을 했고, 이를 영국의 신문에 보도하도록 허락하면서 사태는 더욱 악화되었습니다.

이로 인해 영국은 분노했고, 독일 내부 정치인들마저 경악했습니다. 상황이 심각해지자 황제는 폰 뷜로에게 모든 책임을 대신 지라고 요구했습니다. 황제가 원하는 것은 폰 뷜로가 자신이 황제에게 그런 말을 하도록 조언했다는 거짓 발표를 해 주는 것이었습니다.

폰 뷜로는 황제의 요구에 이렇게 대답했습니다.

"황제 폐하, 독일과 영국의 누구도 제가 폐하께 그런 조언을 했다고 믿을 리가 없습니다."

이 말을 듣자 황제는 크게 화를 냈습니다.

"자네는 내가 미련해서 그런 실수를 저질렀다고 생각하는가?"

폰 뷜로는 비판하기 전에 칭찬을 해야 했음을 깨달았지만, 이미 때는 늦었습니다. 그래서 그는 비판한 뒤에 칭찬하는 차선책을 선택했습니다. 그는 침착하게 황제를 칭찬하며 이렇게 말했습니다.

221

"절대 그런 뜻이 아닙니다. 황제 폐하께서는 저보다 훨씬 뛰어나신 분입니다. 특히 육해군에 대한 지식과 자연과학에 대한 이해가 탁월하십니다. 폐하께서 기압계, 무선 전신, 뢴트겐선에 대해 설명하시는 것을 들을 때마다 감탄합니다. 저는 그런 분야에서는 매우 부족합니다. 다만, 약간의 역사적 지식과 외교적 재능은 가지고 있습니다."

황제는 폰 뷜로의 칭찬과 겸손한 태도에 금세 마음을 풀었습니다. "그래 우리는 서로를 훌륭하게 보완하는 관계야!"라고 황제는 외치며, 폰 뷜로의 손을 힘차게 흔들었습니다.

황제는 기분이 좋아져 두 주먹을 불끈 쥐고 이렇게 말했습니다.

"누구든 폰 뷜로에 대해 안 좋은 말을 하면 그 사람의 콧대를 부러뜨려 버리겠다!"

폰 뷜로는 황제의 자존심을 세워 주고 자신의 부족함을 인정한 덕분에 큰 위기를 넘길 수 있었습니다. 하지만 처음부터 황제를 칭찬하고 자신의 부족함을 언급했더라면 더 매끄럽게 상황을 넘길 수 있었을 것입니다.

겸손함과 칭찬은 일상에서 진정한 기적을 일으킬 수 있는 도구입니다. 이를 제대로 사용하면 사람들과의 관계가 더욱 원활해지고 갈등이 줄어듭니다.

그러므로 반감이나 반발을 일으키지 않으면서 상대를 변화시

222

키고 싶다면…

비결 3

상대를 비판하기 전에 자신의 잘못을
먼저 이야기하세요.

4부 | 감정을 상하게 하지 않고 상대를 변화시키는 9가지 비결

4장
명령을 좋아하는
사람은 없다

명령 대신 질문을 던지자

최근에 미국 전기 작가 협회의 원로인 아이다 M. 타벨 여사와 함께 식사하며 대화를 나눈 적이 있습니다. 제가 이 책『데일 카네기의 인간관계론』을 쓰고 있다고 말하자 우리는 자연스럽게 사람들과 잘 지내는 법에 대해 이야기하게 되었습니다. 타벨 여사는 **오언 D. 영**이라는 유명한 사람의 일화를 들려주었습니다.

그녀가 오언 D. 영의 전기를 쓸 때 겪었던 일이에요. 어느 날 여사는 영과 3년 동안 같은 사무실에서 일했던 사람을 인터뷰했습니다. 그 사람은 이렇게 말했죠.

> 미국의 법률가이자 사업가인 **오언 D. 영**(1874~1962)은 독일의 배상 문제에 관한 '영안(Young Plan)'을 작성했다. 그는 뉴욕연방준비은행의 중역, 국제상업회의소 회장, 제너럴일렉트릭사의 이사장 등을 지냈다.

"영이 3년 동안 단 한 번도 누군

가에게 직접 명령하는 것을 들은 적이 없어요."

오언 D. 영은 명령 대신 항상 제안을 했어요. 예를 들어, "이렇게 하세요" 대신 "이렇게 해 보면 어떨까요?" 또는 "이렇게 하지 마세요" 대신 "이건 어떻게 생각하세요?"라고 했다는 것입니다. 그는 비서가 쓴 편지를 검토한 뒤에도 이렇게 말하곤 했어요.

"이 부분을 이렇게 고치면 더 좋을 것 같네요."

영은 사람들에게 스스로 생각하고 일할 수 있는 기회를 주었고, 직접 명령하는 대신 깨닫게 하는 방식을 썼다고 합니다. 그렇게 하면 사람들이 스스로 실수를 바로잡고 배우게 된다는 것입니다.

그는 자존심을 지켜 주면서도 사람들에게 인정받는 느낌을 주었어요. 그래서 반감을 사지 않고 협력하고 싶은 마음을 불러일으켰죠. 직접적인 명령 대신 질문을 통해 상대방이 스스로 생각하도록 만드는 편이 훨씬 효과적입니다. 명령을 받으면 반발심이 생기지만, 질문을 받으면 협조하고 싶은 마음이 들기 때문이죠.

그러므로 반감이나 반발을 일으키지 않으면서 상대를 변화시키고 싶다면…

비결 4

직접적인 명령 대신 질문을 하세요.

4부 | 감정을 상하게 하지 않고 상대를 변화시키는 9가지 비결

상대방의 체면을 세워 주자

상대방의 자존심을 배려하자

오래전에 전기 회사인 제너럴일렉트릭(GE)사에서는 찰스 스타인메츠를 부서장 자리에서 물러나게 해야 하는 까다로운 문제가 생겼습니다.

스타인메츠는 전기 분야에서는 천재라고 할 수 있지만, 회계 부서의 부서장으로는 적합하지 않았습니다. 회사에서 그는 여전히 필요한 인재였으므로 회사는 그의 기분을 상하게 하고 싶지 않았지요. 그는 매우 예민했거든요.

회사는 스타인메츠가 기분 나빠하지 않도록 새로운 직책을 주는 방법을 택했습니다. 그에게 'GE 컨설팅 엔지니어'라는 새로운 직함을 만들어 주었지요. 사실 그가 원래 하고 있던 일을 그대로 유지한 것뿐이었지만, 이름을 멋지게 바꾼 거예요. 이 과정에서 회계 부서장 자리는 다른 사람이 맡게 되었습니다. 스타인메츠는 이 결정에 만족했습니다. 이렇게 회사는 아무 문제없이 상황을 해결했습니다.

다른 사람의 체면을 지켜 주는 일은 매우 중요합니다. 우리는 종종 상대방의 기분을 생각하지 않고 비난하거나 꾸짖고 사람들 앞에서 창피를 주기도 하지요. 하지만 잠시 생각을 가다듬고 사려 깊게 말하거나 상대방의 감정을 이해해 주는 한두 마디 말을 더하면 그들이 상처받는 일을 막을 수 있습니다.

체면을 세워 주면 사람을 잃지 않는다

회계사 마셜 그랜저는 겨울철이 끝나면 임시직 직원들을 해고해야 했습니다. 보통 이런 상황에서 회사는 다음과 같이 말합니다.

"스미스 씨, 이제 바쁜 시즌이 끝나서 더는 일거리가 없습니다. 그만두셔야 할 것 같습니다."

하지만 이렇게 말하면 직원들은 실망하고 상처를 받아 회사에 애정을 느끼지 않아요. 마셜은 해고를 더 사려 깊게 처리하기로 했습니다. 그래서 해고하기 전에 그 직원의 업무를 꼼꼼히 살펴보고, 이렇게 말했지요.

227

"스미스 씨, 이번 겨울 동안 정말 수고하셨습니다. 어려운 일을 잘해 주신 스미스 씨를 회사는 자랑스럽게 생각합니다. 스미스 씨는 능력이 있으시니 앞으로도 어디에서든 잘하실 거라 믿습니다. 우리는 스미스 씨를 응원하고 있습니다."

과연 효과가 있었을까요? 물론입니다. 직원들은 해고를 받아들이면서도 모멸감을 느끼지 않았고 회사에 좋은 감정을 남겼어요. 그리고 나중에 회사가 다시 도움을 요청했을 때 직원들은 기꺼이 다시 일하러 돌아왔습니다.

드와이트 머로우는 사람들 사이에서 갈등이 생겼을 때 화해시키는 특별한 능력을 가지고 있었습니다. 특히, 싸움을 좋아하거나 서로 공격적인 사람들을 잘 중재했어요.

그는 우선 양쪽 모두의 옳은 점을 찾아 칭찬했습니다. 갈등 중인 양쪽의 의견에서 좋은 부분과 정당한 점을 발견해 칭찬하고 조심스럽게 강조했습니다. 그리고 체면을 지켜 주었지요. 해결이 어느 쪽으로 되든 누구도 잘못한 것처럼 보이지 않게 했습니다.

상대의 체면을 세워 주는 것은 좋은 중재자의 기본입니다. 서로 자존심이 상하지 않게 하면 상대도 쉽게 마음을 열고 갈등을 풀 수 있어요. 진짜 훌륭한 사람은 자신의 개인적인 승리나 자랑에 집착하지 않습니다. 그들은 더 큰 목표를 위해 시간을 쓰며, 상대와 협력하는 방법을 찾는 데 집중합니다.

228

1922년에 튀르키예와 그리스는 전쟁을 합니다. 튀르키예 군대가 승리했고, 두 명의 그리스 장군이 항복하기 위해 **케말** 장군을 찾아왔습니

> **무스타파 케말**(1881~1938)은 튀르키예 독립 영웅이자 초대 대통령이다. 튀르키예 지폐 속에 유일하게 등장하는 주인공인 케말은 '튀르키예의 아버지'라고 불리기도 한다.

다. 이때 튀르키예 군인들은 그리스 장군들에게 소리치며 욕을 했지만, 케말 장군의 태도는 달랐어요. 케말은 그들의 손을 잡으며 이렇게 말했습니다.

"피곤하실 텐데 앉으세요. 전쟁은 게임과도 같아서 때로는 강한 쪽도 질 수 있습니다."

이 말로 케말은 패배한 그리스 장군들이 느낄 수 있는 수치심을 덜어 줬습니다. 상대방의 체면을 세워 주면 더 나은 관계를 유지할 수 있음을 그는 알고 있었죠.

승리에 따르는 엄청난 흥분에도 불구하고 케말은 다음과 같은 중요한 규칙을 기억하고 있었습니다.

비결 5

상대의 체면을 세워 주세요.

잘하고 싶은 마음을
키우는 방법

진심으로 인정하고 아낌없이 칭찬하다

피트 발로는 제 오랜 친구입니다. 발로는 서커스단에서 동물 곡
예를 하는 사람입니다. 저는 그가 새로 데려온 개를 훈련시키는
광경을 지켜보는 걸 좋아했습니다. 개가 조금이라도 잘하면 발로
는 개를 쓰다듬고 칭찬하며 맛있는 고기를 주는 등 온갖 칭찬을
해 줬습니다. 사실 이런 방법은 새로운 것이 아니에요. 동물을 훈
련할 때 칭찬하는 방법은 수백 년 동안 사용돼 왔으니까요.

그런데 우리는 동물을 훈련시키는 이 효과적인 방법을 사람에
게는 왜 잘 사용하지 않을까요? 왜 채찍 대신 칭찬을 사용하지 않
을까요? 사람도 잘할 때마다 칭찬을 해 주면 더 잘하고 싶은 마음
이 생깁니다. 칭찬은 사람을 더 노력하게 만든다는 사실을 기억하

세요.

싱싱 교도소의 소장인 루이스 러스는 범죄자들도 작은 칭찬을 받으면 변할 수 있다는 사실을 알게 되었습니다. 그는 제게 편지로 이렇게 말했어요.

"저는 비난하는 대신 적절한 칭찬을 하는 것이 수감자들이 협조하도록 만들고, 궁극적으로 사회에 잘 적응할 수 있도록 돕는 데 더 좋은 결과를 가져온다는 사실을 깨달았습니다."

저는 싱싱 교도소에 수감된 적은 없지만, 칭찬 몇 마디가 제 인생을 바꿔 놓았던 적은 있어요. 당신도 그런 경험이 있지 않나요? 역사에도 칭찬이 만들어 낸 놀라운 사례가 많습니다.

50년 전 한 소년이 나폴리의 공장에서 일하고 있었습니다. 그는 가수가 되고 싶었지만, 첫 번째 선생님이 "너는 노래할 수 없어. 네 목소리는 별로야"라고 말하며 꿈을 꺾어 버렸습니다. 하지만 소년의 어머니는 그를 따뜻하게 안아 주며 "넌 잘할 수 있어! 네 목소리는 점점 나아지고 있어"라며 응원했습니다. 어머니의 따스하고 끝없는 격려 덕분에 소년은 당대 가장 유명한 테너 가수 엔리코 카루소가 되었습니다.

19세기 초반에 런던에 살던 어느 젊은이는 작가가 되고 싶었습니다. 하지만 모든 것이 장애물처럼 느껴졌습니다. 그가 학교에 다닌 기간은 4년밖에 되지 않았습니다.

아버지는 빚을 갚지 못해 감옥에 갇혔고 소년은 굶주림에 시달리며 살아야 했습니다. 그러다 쥐가 들끓는 창고에서 구두약 통에 상표를 붙이는 일을 하게 되었습니다. 밤에는 두 명의 부랑자와 함께 음침한 다락방에서 잠을 청하곤 했죠.

소년은 글쓰기에 자신이 없어서 사람들이 비웃을까 봐 밤에 몰래 나와 자신의 작품을 출판사에 우편으로 보냈어요. 하지만 거절당하는 일만 계속됐죠. 그러던 어느 날 기적 같은 일이 일어났습니다. 한 출판사의 편집장이 그의 글을 칭찬해 준 것입니다. 원고료는 한 푼도 받지 못했지만, 소년은 자신을 인정해 준 첫 사람에게 너무나 감동했습니다.

눈물을 흘리며 거리를 정처 없이 걷던 그는 큰 희망을 품게 되었습니다. 그 칭찬과 격려가 없었다면 소년은 평생 쥐가 가득한 공장에서 상표를 붙이며 살았을지도 모릅니다.

> 19세기 영국을 대표하는 작가 **찰스 디킨스**(1812~1870)는 셰익스피어에 버금가는 인기를 누렸다. 『올리버 트위스트』, 『데이비드 코퍼필드』, 『위대한 유산』, 『크리스마스캐럴』 등의 작품을 남겼다.

이 소년이 바로 뒷날 세계적인 작가가 된 **찰스 디킨스**입니다.

지금으로부터 50년 전 또 다른 젊은이가 포목점에서 일하고 있었습니다. 젊은이는 새벽 5시에 일어나 가게를 청소하고 하루에 14시간 동안 일해야 했습니다.

2년이 지나도 힘든 상황은 나아지지 않았고 결국 젊은이는 더는 참지 못하고 어느 날 아침 식사도 하지 않은 채 집을 나섰어요. 어머니와 이야기하기 위해 무려 24km를 걸어갔죠.

젊은이는 어머니에게 "이 일을 하느니 차라리 죽겠어요!"라며 눈물을 흘리며 간절히 호소했습니다. 그리고 옛 모교의 교장 선생님께도 자신은 더는 살고 싶지 않다는 긴 편지를 썼습니다.

교장 선생님은 소년을 따뜻하게 칭찬하며 말했습니다.

"너는 정말 똑똑하니 네가 잘할 수 있는 일을 찾아보는 게 좋겠구나."

이 칭찬과 조언 덕분에 젊은이는 큰 용기를 얻었고 결국 교사가 되기로 결심했습니다. 이 작은 격려가 그의 인생을 완전히 바꾸었습니다. 이 젊은이는 뒷날 77권의 책을 쓰며 엄청난 성공을 거두었고 글쓰기로 백만 달러 이상의 부를 쌓았습니다. 이 젊은이가 바로 공상 과학 소설의 거장 H. G. 웰스입니다. 그의 대표작으로는 『타임머신』과 『두 명의 인간』이 있습니다.

또 다른 예로 미국의 바리톤 가수 로렌스 티벳의 이야기도 있습니다. 티벳은 가수의 꿈을 포기하고 생계를 위해 트럭을 팔려고 했습니다. 하지만 영화 제작자 루퍼트 휴스가 그를 칭찬하며 "당신은 훌륭한 가수가 될 수 있어요. 뉴욕에 가서 공부해 보세요"라고 격려했습니다.

이 작은 칭찬은 티벳의 인생을 바꾸었습니다. 용기를 얻은 티벳은 2,500달러를 빌려 동부로 갔습니다. 그러곤 메트로폴리탄 오페라에서 전설적인 가수가 되었습니다.

우리는 지금 사람을 변화시키는 것에 대해 이야기하고 있습니다. 칭찬은 사람을 변화시킵니다. 여러분이나 제가 다른 사람에게 진심으로 칭찬을 하고, 그들에게 숨겨진 재능이 있음을 깨닫게 해 줄 수 있다면 우리는 사람을 바꾸는 것 이상을 해내는 셈입니다. 칭찬에는 그 사람의 인생을 완전히 바꿔 놓을 수 있는 힘이 있습니다.

하버드 대학교의 심리학자 윌리엄 제임스는 이렇게 말했습니다. "우리는 우리가 가진 능력 중 아주 일부만 사용하고 있습니다. 우리 모두는 아직 활용하지 못한 많은 잠재력을 지니고 있습니다."

그렇습니다. 여러분도 아직 쓰지 못한 능력이 있습니다. 그리고 그 능력 중 하나는 바로 상대를 칭찬하고 격려하여 그들의 잠재력을 깨닫게 해 주는 것입니다.

그러므로 반감이나 반발을 일으키지 않으면서 상대를 변화시키고 싶다면…

비결 6

약간의 발전을 보여도 칭찬하세요. 어떤 발전이든 칭찬하세요. 진심으로 인정하고, 아낌없이 칭찬하세요.

10대를 위한 데일 카네기 인간관계론

상대방에게
좋은 평판을 주자

좋은 평판은 지키고 싶은 기준이 된다

어니스트 겐트라는 내 친구는 뉴욕 스카스데일에 살고 있습니다. 어느 날 그녀는 새로운 가사 도우미를 고용하고 다음 주 월요일부터 출근하라고 했습니다. 그사이에 겐트는 도우미가 예전에 일하던 집에 전화를 걸어 그녀가 어떤 사람인지 물어봤습니다. 어쩐 일인지 그 집 주인은 도우미에 대해 썩 좋지 않은 이야기를 들려주었습니다.

월요일이 되자 겐트는 도우미를 맞이하며 이렇게 말했습니다.

"넬리, 네가 전에 일하던 집 주인에게 전화했어. 그분은 네가 정직하고 믿음직한 사람이며, 요리도 잘하고 아이들도 잘 돌본다고 하더구나. 집 안 청소를 잘 못한다는 얘기를 들었지만, 난 그분이

235

틀렸다고 생각해. 너처럼 단정한 복장을 한 사람은 집도 깔끔하게 잘 치울 거라고 믿어. 우리 함께 잘 지내 보자."

그 뒤 넬리는 겐트의 기대에 부응하려고 더 열심히 일했습니다. 집을 늘 깨끗하게 유지했고, 근무 시간보다 한 시간씩 더 일할 정도로 성실하게 일했습니다. 이처럼 누군가에게 좋은 평가를 주면 그 사람은 그 기대를 지키기 위해 더 노력하게 됩니다.

작은 한마디 말로 인생을 바꾼다

프랑스 가수 조제트 르블랑은 『추억, 마테를링크와 함께한 나의 삶』이라는 책에서 벨기에판 신데렐라의 놀라운 변신 이야기를 소개했습니다.

근처 호텔에서 일하던 하녀 마리는 매일 내 식사를 가져오는 일을 맡고 있었습니다. 그녀는 부엌 보조로 처음 일을 시작한 터라 사람들은 그녀를 '접시 마리'라고 불렀죠. 마리는 사시 눈에 안짱다리였고, 그 때문에 주변 사람들에게 보기 흉하다는 평가를 받았습니다.

어느 날 마리가 내게 마카로니를 가져왔습니다. 그런데 그녀의 두 손에는 마카로니 소스가 묻어 있었습니다. 그 순간 저는 뜻밖의 말을 건넸습니다.

236

"마리, 너는 네 안에 어떤 보물이 있는지 모르는 것 같구나."

마리는 야단맞을까 겁에 질려 가만히 서 있었습니다. 자신을 칭찬해 줄 거라고는 전혀 예상하지 못했죠. 시간이 조금 흐른 뒤 마리는 한숨을 내쉬며 천진한 목소리로 이렇게 말했습니다.

"부인, 부인께서 그렇게 말씀해 주시지 않으셨다면, 저는 그런 생각을 절대 못 했을 거예요."

마리는 곧바로 부엌으로 가서 제가 한 말을 모두에게 전했습니다. 그녀는 그 말에 완전히 마음을 열었고 스스로를 믿기 시작했죠. 신기하게도 아무도 마리를 놀리거나 무시하지 않았습니다. 오히려 주위 사람들은 그녀에게 더 따뜻한 관심을 보이기 시작했죠.

하지만 진짜 변화는 마리 자신에게서 시작되었습니다. 자신 안에 특별한 보물이 있다고 믿기 시작한 마리는 자신의 외모와 몸을 정성 들여 가꾸기 시작했습니다. 그러자 이전과는 달리 젊고 활기찬 모습이 드러나기 시작했습니다. 비록 마리의 외모가 완전히 바뀌지는 않았지만 그녀의 마음가짐이 변하며 자연스럽게 아름다워 보이게 된 것입니다. 결국 그녀는 요리사의 조카와 결혼하여 행복한 삶을 살게 되었어요.

조제트 르블랑의 따뜻한 한마디가 마리의 인생을 바꾼 것입니다.

헨리 클레이 리스너가 프랑스에 주둔한 미국 병사들의 행동을 변화시키는 데도 이 방법을 사용했습니다. 미국에서 가장 유명한 제임스 G. 하보드 장군은 프랑스에 주둔한 200만 명의 미군 병사들이 가장 청결하고 이상적인 군인이라고 생각한다고 말했습니다.

지나친 칭찬일까요? 물론 그럴 수도 있습니다. 하지만 리스너는 이 칭찬을 어떻게 이용했을까요? 리스너는 말합니다.

"저는 병사들을 만날 때마다 하보드 장군의 말을 그대로 전했습니다. 그 말이 사실인지 아닌지는 의심하지도 않았어요. 만약 사실이 아니더라도 병사들은 하보드 장군의 생각을 알고 나면 그 기준에 맞추려고 노력할 테니까요."

칭찬은 사람의 행동을 변화시킬 수 있는 힘을 지니고 있습니다. 심지어 범죄자들도 누군가 자신을 믿고 존경해 준다면 그 기대에 부응하려 노력합니다. 싱싱 교도소의 소장 루이스 러스는 이렇게 말했습니다.

"아주 나쁜 사람을 다루는 유일한 방법은 그를 존경할 만한 사람처럼 대하는 것입니다. 그가 그런 대우를 받을 자격이 있다고 생각하면 그는 그 기대에 맞게 행동하려 할 것입니다."

상대에게 지켜야 할 좋은 평판을 주면, 그 사람은 그 기대를 저버리지 않으려고 노력합니다. 사람들은 자신이 존중받고 인정받는다고 느낄 때 더 나아지려고 노력하기 때문입니다.

그러므로 반감이나 반발을 일으키지 않으면서 상대를 변화시키고 싶다면…

비결 7

상대가 지키고 싶어 할 좋은 평가를 주세요.

고치기 쉬운 실수처럼
보이게 하자

상대방에게 용기와 희망을 주어라

얼마 전 내 친구는 마흔 살이 되어서야 약혼을 했습니다. 그리고 약혼녀의 권유로 춤을 배우러 다니게 되었죠. 그는 그 경험을 이렇게 이야기했어요.

"사실 난 춤을 아주 못 춰. 처음 춤을 배웠을 때도 엉망이었는데, 그 이후로 하나도 나아지지 않았지. 첫 번째 선생님은 솔직하게 내게 말했어. '모든 걸 잊고 처음부터 다시 배워야 한다.' 그 말을 듣고 춤 배울 의욕이 완전히 사라졌어. 그래서 그만뒀지. 그런데 이번에 새로 만난 선생님은 전혀 다른 방식으로 접근했어. 이번 선생님은 내 춤 실력이 조금 구식이긴 해도 기본은 잘 잡혀 있다고 말하는 거야. 그리고 몇 가지 동작만 익히면 된다고 하더라고."

친구는 계속해서 이렇게 말했어요.

"이 선생님은 내가 잘하는 부분을 칭찬해 주면서 실수는 별것 아니라고 해 줬어. '리듬감을 타고나셨네요'라며 자신감을 북돋아 주더라고. 물론 내가 춤을 못 춘다는 사실은 나도 알아. 그런데도 그 말을 듣고 용기가 생기지 않겠어? 나도 춤을 좀 더 잘 추고 싶다는 생각이 들더란 말이지."

주변 사람들에게 "넌 재능이 없어. 이 일을 절대 못 해"라고 말하면 그들의 마음이 꺾여서 의욕조차 사라져 버립니다. 하지만 반대로 "이건 할 수 있어!"라고 격려해 준다면 자신감을 갖고 노력하게 됩니다.

쉬운 일처럼 보이게 만들자

로웰 토머스는 사람들과 잘 지내는 방법을 아는 아주 뛰어난 인물이었습니다. 그는 상대를 칭찬하고, 자신감을 심어 주며, 상대가 스스로 용기와 믿음을 가질 수 있도록 돕는 데 능했습니다.

한 번은 로웰 토머스 부부와 함께 주말을 보낸 적이 있습니다. 토요일 저녁 그는 나에게 화롯가에 앉아 브리지 게임을 하자고 제안했죠. 문제는 나는 브리지 게임을 전혀 즐기지 않을 뿐 아니라 게임 규칙을 하나도 몰랐다는 겁니다. 나에게는 브리지 게임이 너

241

4부 | 감정을 상하게 하지 않고 상대를 변화시키는 9가지 비결

무 어려운 일처럼 느껴졌죠. 전혀 하고 싶은 마음이 없었습니다.

그러자 로웰이 부드럽게 말했습니다.

"이봐, 데일. 이 게임은 어렵지 않아. 그냥 기억하고 결정하기만 하면 돼. 이 정도는 식은 죽 먹기일 거야. 자네한테 딱 맞는 게임이라니까."

그 순간 내가 무엇을 하고 있는지 깨닫기도 전에 나는 이미 브리지 게임을 시작하고 있었습니다. 이 모든 것은 로웰이 내게 칭찬과 격려를 해 주었기 때문이죠. 그는 내가 이 게임에 타고난 재능이 있다고 믿게 해 주었고 게임이 충분히 쉬워 보이게 해 주었습니다.

브리지 게임을 얘기하다 보니 일리 컬버트슨이라는 인물이 떠오릅니다. 컬버트슨은 브리지 게임과 떼려야 뗄 수 없는 사람입니다. 그가 쓴 브리지 게임 관련 책들은 수십 개 언어로 번역되어 수백만 부가 팔렸죠. 하지만 놀랍게도, 한 젊은 여성의 격려가 없었다면 그는 브리지 게임의 전문가가 되지 못했을 겁니다.

1922년 컬버트슨은 미국에 와서 철학과 사회학을 가르치려 했지만 자리를 구하지 못했습니다. 석탄 판매를 시도했지만 실패했습니다. 커피 판매에 도전했지만 그마저도 실패했죠.

당시 그는 브리지 게임과는 거리가 멀었고 재능이 없다고 생각했습니다. 더군다나 고집이 세고 분석을 좋아해 다른 사람들이 그와 카드 게임을 하고 싶어 하지 않았습니다.

그러다가 조세핀 딜런이라는 브리지 게임 선생님을 만났고, 그녀와 사랑에 빠져 결혼했습니다. 조세핀은 컬버트슨이 게임을 세세히 분석하는 것을 보고 그가 브리지 게임에 천재적인 잠재력이 있다고 말해 주었습니다.

컬버트슨은 내게 이렇게 고백했습니다.

"아내의 격려 한마디가 없었다면 나는 브리지 게임을 직업으로 삼지 못했을 겁니다."

그러므로 반감이나 반발을 일으키지 않으면서 상대를 변화시키고 싶다면…

비결 8

격려하세요. 바로잡아 주고 싶은 잘못이 있다면 그것이 바로잡기 쉬운 것처럼 보이게 하세요. 상대가 하기 바라는 것은 하기 쉬운 것으로 보이게 하세요.

9장

사람들이 당신이 원하는 일을 기꺼이 하게 만드는 방법

제안을 기분 좋게 받아들이게 하는 비법

1915년 미국은 세계 대전 때문에 충격에 빠져 있었습니다. 유럽 국가들이 벌인 잔인한 전쟁은 이전까지 인류가 경험한 전쟁 중 가장 끔찍한 것이었습니다. 모든 사람이 전쟁이 언제 끝날지, 과연 평화가 찾아올지 궁금해했지만 아무도 그 답을 알 수 없었습니다.

이 상황에서 우드로 윌슨 대통령은 평화를 되찾기 위해 노력하기로 결심합니다. 그는 유럽의 지도자들과 협의하기 위해 평화사절단을 보내기로 했죠.

그때 미국의 국무장관이자 평화의 상징과도 같았던 윌리엄 제닝스 브라이언은 이 임무를 맡고 싶어합니다. 이 위대한 임무를 맡으면 자신의 이름이 역사의 한 페이지에 남을 거라 기대했기 때문입니다.

그러나 윌슨 대통령은 가까운 친구인 하우스 대령에게 이 임무를 맡기기로 결정합니다. 이때 하우스 대령은 브라이언이 상처받지 않도록 이 사실을 전달해야 하는 어려운 과제에 직면했습니다. 하우스는 나중에 그날의 일을 이렇게 말합니다.

"내가 유럽 평화사절단으로 가게 되었다는 소식을 듣고 브라이언은 실망한 기색을 감추지 못했습니다. 그는 자신이 이 일을 준비하고 있었다고 말했죠. 그래서 나는 그에게 이렇게 전했습니다.

'대통령께서는 이 임무를 너무 공식적으로 처리하는 것이 적절하지 않다고 생각하십니다. 국무장관인 당신이 가면 너무 큰 관심을 불러일으킬 것이고, 사람들이 당신의 방문을 이상하게 여길지도 모른다고 우려하고 계십니다.'"

하우스는 브라이언이 너무 중요한 인물이기 때문에 이 임무를 맡길 수 없다는 식으로 말했습니다. 그러자 브라이언은 기분 좋게 받아들였습니다.

우드로 윌슨은 이런 방법을 종종 사용했습니다. 예를 들어 윌리엄 매커두에게 내각의 재무부 장관을 제안할 때 그는 이렇게 말했습니다.

"매커두, 당신이 이 자리를 맡아 주시면 정말 감사하겠습니다."

매커두는 이미 그것이 영광스러운 제안이라는 사실을 알았지만, 윌슨은 그가 마치 자신에게 큰 도움을 주는 것처럼 느끼게 했습니다. 이런 식으로 상대를 존중하며 부탁하는 방법은 누구든 기꺼이 요청을 받아들이게 합니다.

하지만 윌슨은 항상 이 방법을 사용하지는 않았고, 이로 인해 중요한 기회를 놓치기도 했습니다. 예를 들어, 국제연맹 설립 때 공화당원들의 협조를 구하지 않아 문제가 생겼고, 결국 미국은 국제연맹에 가입하지 못했습니다. 이로 인해 세계 역사까지 바뀌게 되었습니다.

거절을 기분 좋게 받아들이게 하는 방법

유명한 '더블데이페이지' 출판사는 '상대가 기쁜 마음으로 원하는 일을 하게 만들기'라는 원칙을 잘 지키는 곳이었습니다. 그들이 이 원칙을 얼마나 잘 실천했는지, 심지어 작가 O. 헨리는 다른 출판사가 원고를 받아줄 때보다, 더블데이페이지가 거절할 때 더 기분이 좋았다고 말할 정도입니다. 거절할 때조차 작가의 진가를 인정하며 예의 바르게 대응했기 때문입니다.

내가 아는 사람 중 한 명은 연설 요청을 많이 받았지만, 일정이 바빠 대부분 거절해야 했습니다. 그러나 그의 거절 방식은 상대를 만족시켰습니다. 그는 단순히 바쁘다고 핑계를 대는 것이 아니라 초대에 감사하며 정중히 거절하고 대신 다른 연사를 추천했습니다. 상대가 거절에 불쾌감을 느끼기 전에 대안을 제시해 자연스럽게 다음 계획을 고민하게 만든 것입니다.

뉴욕에서 대형 인쇄사를 운영하는 J. A. 원트는 직원의 불만을 해결하면서 반발심 없이 태도를 개선시키는 데 성공했습니다. 그의 회사에서 일하던 기계공은 긴 근무 시간과 과도한 업무에 대해 늘 불평했습니다. 그는 보조 인력을 요구하며 일이 너무 많다고 불만을 털어놓았죠.

하지만 J. A. 원트는 업무량을 줄이거나 보조 인력을 구하지 않고도 기계공을 만족시켰습니다. 그 방법은 바로 작은 변화로 그의 자존심을 세워 주는 것이었습니다. 원트는 기계공에게 개인 사무실을 마련해 주고, 문에 '서비스 파트 매니저'라는 직함과 이름을 새겨 주었습니다.

그는 단순한 기계공이 아닌 한 부서의 관리자로 인정받는 사람이 되었다는 자부심을 갖게 되었습니다. 기계공은 더는 불평하지 않았고 기쁜 마음으로 일에 몰두했습니다.

유치하다고 느낄 수 있습니다. 하지만 나폴레옹도 같은 방법을 썼습니다. 그는 프랑스의 최고 훈장인 레지옹 도뇌르를 만들어 1,500명의 병사에게 수여했습니다. 지휘관 18명에게는 '프랑스 대원수'라는 계급을 부여했고 프랑스 제국 군대에는 '대육군'이라는 칭호를 내립니다. 사람들은 이를 두고 "병사들에게 장난감을 주는 것과 같다"라며 비웃었지만, 나폴레옹은 이렇게 답했습니다. "인간은 장난감으로 지배당한다."

내 친구인 겐트 부인도 비슷한 방법을 사용했습니다. 그녀는 잔디밭에서 뛰어다니며 잔디를 망가뜨리는 아이들 때문에 골머리를 앓고 있었죠. 아이들을 혼내거나 타일러 보기도 했지만 효과가 없었습니다. 그러다가 그녀는 그 아이들 중 가장 말썽꾸러기를 '탐정'으로 임명하기로 결심합니다.

"네가 이 집의 탐정이야. 이제부터는 누구도 잔디밭에 들어오지 못하게 해야 해."

놀랍게도 문제는 완벽하게 해결되었습니다. 그 아이는 임무에 진심으로 몰두해 다른 아이들이 잔디밭에 들어오지 못하게 했습니다. 문제가 깔끔하게 해결된 것입니다.

그러므로 반감이나 반발을 일으키지 않으면서 상대를 변화시키고 싶다면…

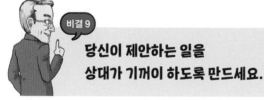

비결 9

**당신이 제안하는 일을
상대가 기꺼이 하도록 만드세요.**

248

감정을 상하게 하지 않고
상대를 변화시키는 9가지 비결

1. 칭찬과 감사의 말로 시작하라.

2. 상대의 실수는 간접적으로 지적하라.

3. 상대를 비판하기 전에 자신의 잘못을 먼저 이야기하라.

4. 직접적인 명령 대신 질문을 하라.

5. 상대의 체면을 세워 줘라.

6. 약간의 발전을 보여도 칭찬하라. 어떤 발전이든 칭찬하라.

7. 상대가 지키고 싶어 할 좋은 평가을 주어라.

8. 격려하라. 잘못을 바로잡기 쉽게 보이게 하라.

9. 당신이 제안하는 일을 상대가 기꺼이 하게 하라.

인간관계에 대한 성찰이 깊어지고
지혜가 생겨요

무척 반갑습니다.

여러분이 이 책을 읽고 있다는 건, 어쩌면 사람들과의 관계가 꽤 쉽지 않다는 사실을 깨달았기 때문일 것입니다. 혹은 이제부터라도 누군가와 조금 더 잘 지내는 방법을 알고 싶은 것일지도 모르겠네요. 우리는 이미 관계의 시대를 살고 있습니다. 매 순간 우리는 메시지를 보내고, 다른 사람의 표정을 읽는 등 끊임없이 연결됩니다. 하지만 연결되었다는 것이 이해받는다는 의미는 아닙니다. 우리는 모두 누군가와의 관계 속에서 성장하거나 무너집니다. 그래서 이 책이 여러분에게 의미가 있을 것입니다.

『데일 카네기 인간관계론』은 1936년에 처음으로 출판되었습니다. 스마트폰도 SNS도 인터넷도 인공지능도 없던 시절이지요. 하지만 사람의 마음을 움직이는 방식은 기술이 아무리 발전해도 변하지 않습니다. 우리는 여전히 누군가의 인정을 갈망하고, 사랑받고 싶어 합니다. 이해받지 못할 때면 쉽게 상처받고, 친구가 왜 내 메시지를 읽고도 답을 주지 않는지 초조해하기도 하지요. 이 책은 그런 경험을 더 나은 방향으로 이끌어 줄 작은 시도를 알려 줍니다.

데일 카네기는 단순히 '인간관계에 대해 가르치겠다'는 교훈적인 목적으로 이 책을 쓰지 않았습니다. 오히려 그는 수많은 실험과 경험을 바탕으로 '어떻게 하면 타인을 설득하고, 이해하고, 협력할 수 있을까?'라는 문제를 풀어내고자 했습니다.

여러분도 읽어 보면 알겠지만, 카네기의 제안은 단순합니다. 비판하지 말고, 다른 사람의 말을 주의 깊게 들으며, 상대의 이름을 기억하고, 칭찬을 아끼지 말라고 합니다. 우리가 다 할 수 있는 일들을 실천하기를 권합니다. 결국 카네기가 말하는 '인간관계론'이란 다른 사람을 조작하기 위한 기술이 아니라 진심 어린 연결을 통해 서로를 이해하는 삶의 방식입니다.

저의 10대 시절을 돌아보면, 저 자신을 세상에서 가장 큰 적으로 여겼던 것 같습니다. 언제나 스스로가 부족하게만 느껴졌고, 실수를 용서하지 않았습니다. 내가 하는 모든 것이 내 마음에 들지 않아 부끄럽게 여겼고, 자신감은 바닥을 쳤습니다. 때로는 내

251

자신에게도 따뜻한 말을 건네는 일이 필요하다는 사실을 그때는 몰랐습니다.

10대 친구들을 위해 이 책을 준비하면서 이런 생각이 들었습니다. 그때 만약 내가 이 책을 읽었다면 어땠을까? 아마도 사람들의 말에 쉽게 상처받지 않았을 것입니다. 훨씬 나은 친구가 되고, 가족과 덜 부딪히고, 나 자신에게 더 솔직해질 수 있었겠다고 생각합니다. 그러면 그때의 저 자신을 훨씬 근사하게 기억하고 있지 않을까요?

솔직히 이 책을 읽었다고 하루아침에 무엇인가 변하지는 않을 것입니다. 하지만 세상과 사람을 대하는 여러분의 방식은 분명 조금씩 변할 것입니다. 어쩌면 친구나 가족과 쌓인 오랜 오해를 풀게 될지도 모릅니다. 또는 부모님과의 대화가 조금 덜 날카로워질지도, 아니면 그저 친구와 떠들다가 별것 아닌 농담에 더 크게 웃어 줄 여유가 생길지도 모르겠네요. 분명한 사실은 눈에 보이지 않을 만큼의 작은 변화라 할지라도, 시간이 지나면 삶의 전반을 부드럽게 만들어 준다는 점입니다.

우리는 모두 관계 속에서 성장합니다. 그리고 이 책은 그 성장을 돕는 소중한 친구가 될 것입니다. 책을 읽다 보면 사람들과의 관계는 결국 나 자신을 발견하는 과정임을 알게 됩니다.

다른 사람과 잘 지내는 법을 배우면서 동시에 자신의 마음을 더 잘 이해하게 될 것입니다. 타인을 대하는 방식을 바꾸는 일은, 곧 자신을 대하는 방식을 바꾸는 일이기도 하니까요.

'내가 진짜로 원하는 관계는 어떤 모습일까?' 이 질문에 관한 답을 찾는 과정에 이 책이 조금이나마 도움이 되길 바랍니다. 또한 여러분이 사람들과의 관계에서 겪는 혼란을 조금이나마 줄여 주길 기대합니다.

세상은 복잡하지만, 관계의 맥락을 조금만 더 이해하면 훨씬 덜 외로워집니다. 누군가에게 건넨 작은 미소, 친절한 말 한마디가 생각보다 멀리 퍼져 나가기도 합니다. 그 멋진 순간을 여러분이 경험하기를 바랍니다.

이제 책장을 넘기세요.

여러분의 행운을 빕니다. 그리고 기대하지 못했던 즐거운 발견을 하게 되길 응원합니다.

_김민성

10대를 위한
데일 카네기 인간관계론

초판 1쇄 펴낸 날 2025년 2월 20일

지 은 이   데일 카네기
편 역 자   김민성
펴 낸 이   장영재
펴 낸 곳   (주)미르북컴퍼니
자 회 사   더스토리
전   화   02)3141-4421
팩   스   0505-333-4428
등   록   2012년 3월 16일(제313-2012-81호)
주   소   서울시 마포구 성미산로32길 12, 2층 (우 03983)
E - mail   sanhonjinju@naver.com
카   페   cafe.naver.com/mirbookcompany
S N S   instagram.com/mirbooks

* (주)미르북컴퍼니는 독자 여러분의 의견에 항상 귀 기울이고 있습니다.
* 파본은 책을 구입하신 서점에서 교환해 드립니다.
* 책값은 뒤표지에 있습니다.